EMBROIDERY BY
AYAKO OTSUKA
ABC

刺繡のABC
大塚あや子

CONTENTS
もくじ

※1 ステッチの難易度を★で表示します。
★　　　「基本中の基本」
★★　　「これを知っておくと表現力アップ」
★★★　「1ランク上を目指すなら!!」

※2 指定のない図案は原寸使用です。

STITCH
ステッチ

★	アウトライン・ステッチ	090
	クロス・ステッチ（1）	014
	クロス・ステッチ（2）	068
	コーチング・ステッチ	018
	サテン・ステッチ（2）	072
	ストレート・ステッチ	076
	チェーン・ステッチ	095
	バック・ステッチ	038
	フェザー・ステッチ	026
	フライ・ステッチ	106
	フレンチ・ノット・ステッチ	054
	ボタンホール・ステッチ	060
	ランニング・ステッチ	078
	レージー・デージー・ステッチ	064
★★	クロス・ステッチ（3）	072
	コーチド・トレリス・ステッチ	034
	サテン・ステッチ（1）	030
	スパイダーズ・ウェブ・ステッチ	030
	スプリット・ステッチ	018
	スレデッド・ランニング・ステッチ	106
	ヘリンボーン・ステッチ	026
	ルーマニアン・ステッチ	076
	ロング・アンド・ショート・ステッチ	042
★★★	アイレット・ワーク	102
	オーバーキャスト・バー・インサーション・ステッチ	048
	クレタン・ステッチ	034
	ブリオン・ピコット・ステッチ	048
	ホーリー・ステッチ	064
	レース・フィリング・ステッチ（1）	055
	レース・フィリング・ステッチ（2）	064

ITEM
アイテム

タートルネック	012.072-073
マフラー	012-015
キッチンクロス（1）（2）	016.018-020
コーヒーフィルター	017-019
ニットベスト	021-023
バッグ（1）	024-027
ガーデニング・グローブ（1）（2）	028-031
Tシャツ（緑）（茶）	032-035
スカート	036-039
ブラウス	040-043
タグ	044-051
テーブルクロス	052-054
靴	055-057
ギャルソンエプロン（アップリケ）（ウズマキ）	058-061
ワンピース	062-065
ワッフルタオル	066-069
セーター（1）（2）	070-073
ルームシューズ（1）（2）	074-077
デニムパンツ	078-079
バッグ（2）	080-083
ブランケット	084-087
コットンシャツ	088-091
帽子	092-094
ベッドリネン	095-097
部屋着	100-103
ベルト（1）（2）	104-107
キャミソール	108-109
はじめに	006-007
針と糸	098-099
おすすめグッズ	110
テクニック	111

女の子が針を持たなくなったのは、いつからでしょう。
今はものがたくさんあふれ、何でも簡単に手に入る時代です。
でも、もっとゆっくり自分のために、時の流れを感じてみては。
世界にたったひとつの、私だけのものを作り上げるなんて、
ステキなことだと思いませんか。
針を持つと、いつの間にか心がやすらぐからとても不思議。
難しく考えないで、楽しみながらトライしてみて……。

いちばん簡単
CROSS
STITCH
クロス・ステッチ（1） ★

1 斜めに糸を渡し、上糸を十字に交差させる。

クロス（十字）は必ず糸の上糸・下糸の重なりを
いつも同じにしましょう。

012-013

WOOL
MUFFLER
マフラー

 ウールのマフラー
好みのもの

 [Anchor] 25番糸
● No9　　○ No386

 [Clover] クロスステッチ針
No22

1 クロスの図案1個を
写した型紙（1.2cm角）を2枚つくる。
2 7mmの間隔（好みでよい）をあけて
マフラーの上に並べる。
3 型紙の四隅に当たる位置を、
チャコペンでマフラーに印をつける。
4 2、3を繰り返して、
クロスすべての位置を決める。
3 左から右へクロスst（6本どり）。

クロスのカタチが変形しても、それが味。

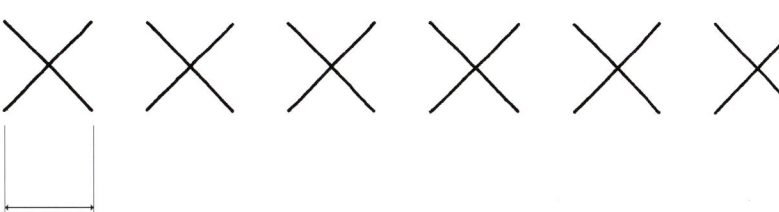

1.2cm

糸を割って
SPLIT STITCH
スプリット・ステッチ　★★

1　左から右にひと針進み、
左に戻って布をすくう（返し針）。
このときステッチの真ん中に針を出し、
図のように糸を2つに割る。
2　同様にしながら右に進む。

左に布をすくうときは、
ステッチの長さの半分くらいが適当。
糸がよれやすいので、
ある程度刺し進むごとに
よりを直しましょう。

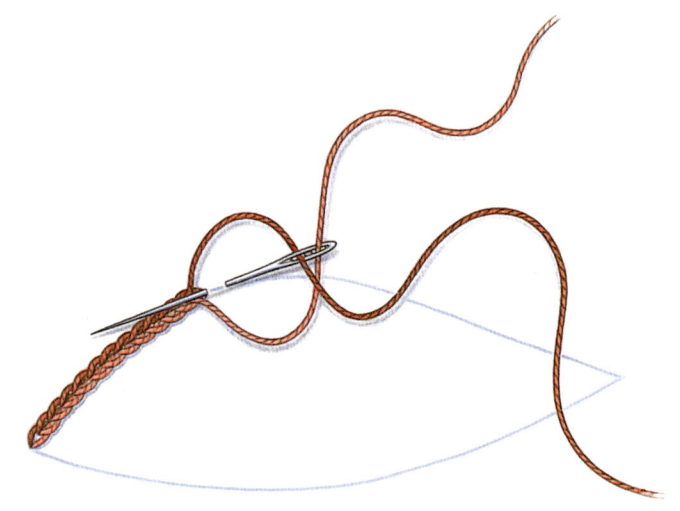

糸を止めて
COUCHING STITCH
コーチング・ステッチ　★

1　図案の線上に糸を置く。
2　等間隔をあけながら、
別糸で止めていく。

止め糸は、細い糸を使い、
針足を短くして
置いた糸と直角に
交差するように止めていくときれい。
止めていく間隔は均等に、
曲線は間隔を詰めて止める。
置き糸は途中で
糸つぎをしないのが原則。
止め糸も、図案の長さを目安に
用意しましょう。

AYAKO'S NOTE 1
糸のよりの戻し方
刺し進めているうちにふと気がつくと、
糸がくねくねと丸まってきているはず。これは糸がよれている証拠。
このまま刺し進めると、仕上がりにツヤがなくなってしまいます。
そんなときは手をやすめ、よりとは逆回転に糸をまわしてよりをほどきましょう。

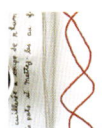

016
KITCHEN CLOTH
キッチンクロス（1）

キッチンクロス
好みのもの

[Anchor] 25番糸

No1015　No1025

[Clover]
デュエット手芸針〈2つ穴〉
（シャープポイント）No22

1　チャコピーで図案を写す。（→P111）
2　図案に添ってスプリットst（4本どり）。

針穴がふたつあるデュエット針を使うと、
2色使いが簡単。
ひとつの針穴に糸を1色ずつ、
2本どりで通しておく。

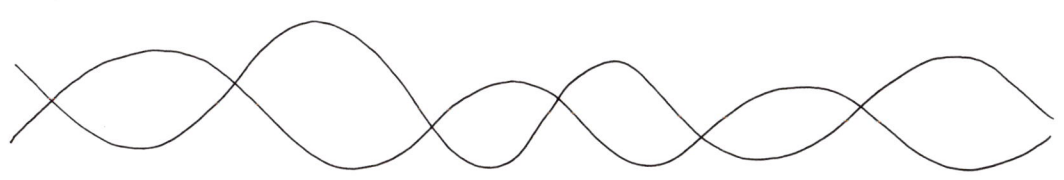

（300%拡大使用）

017
COFFEE FILTER
コーヒーフィルター

麻のコーヒーフィルター
好みのもの

[Anchor] 25番糸
○ No1

[Anchor]
コットンアブローダー20番
○ No1

[Clover] フランス刺繍針
No6　No8

1　チャコペンで図案を描く。（→P111）
2　図案に添ってコーチングst
（置き糸＝アブローダー1本どり・
止め糸＝25番糸1本どり）。

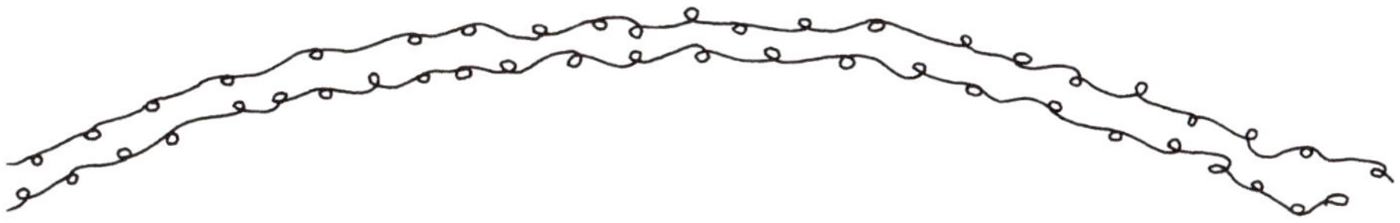

（150%拡大使用）

016
KITCHEN CLOTH
キッチンクロス（2）

 キッチンクロス
好みのもの

 [Anchor] 25番糸
● No889

 [Clover] フランス刺繍針
No8

1　チャコピーで図案を写す。（→P111）
2　アルファベットをコーチングst
（置き糸＝1本どり・止め糸＝1本どり）。
3　カンマ、アポストロフィーはフレンチ・ノットst（1本どり）。

大きめの文字はアウトラインstで刺してもよい。

Pot de crème au chocolat
・ Mettez 120g de chocolat concassé dans un bol. Versez-y 200cc de lait très très chaud.
・ Ajoutez 4 jaunes d'œuf et une cuillerée à soupe de rhum.
・ Versez cet appareil dans 6 petits pots et mettez-les au four. Faites cuire au bain-marie pendant 25 minutes.

（300%拡大使用）

022-023
KNIT
VEST
ニットベスト

ニットベスト
好みのもの

[Anchor] 25番糸
- No6
- No8
- No10
- No11
- No1011
- No1015
- No339

[Clover] フランス刺繍針
No7　No8

1 ピーシングペーパーに図案を写し、
ニットベストにアイロンでかるく貼り付ける。(→P111)
2 ピーシングペーパーの上から
花の輪郭線の片側にランニングst（2本どり）。
ランニングstを芯にして
ロング&ショートst（2～3本どり）で埋める。
3 茎はアウトラインst（3本どり）。

ニットベストの内側にも
ピーシングペーパーを裏貼りしておくとよい。(→P021)
刺し終わりに、ステッチとステッチのあいだを
1本どりの糸で割って刺すと密に埋まる。(→P042)

（150％拡大使用）

AYAKO'S NOTE 2
ピーシングペーパーの裏貼り効果
ピーシングペーパーは裏面に接着剤がついている紙。
たとえば伸び縮みしやすいニットや、目の粗い布のときに、布の裏に
ピーシングペーパーを貼っておくと、針がとても刺しやすくなって便利。
刺し終わったら、ステッチからはみ出したペーパーは破って取り除きます。

羽模様の
FEATHER STITCH
フェザー・ステッチ　★

1　図案の輪郭線の左（か右）に針を出し、
反対側の輪郭線（右か左）に針を入れ、
針先の下に糸をかけながら
図のように布をすくう。
2　糸をかけて布をすくうことを
左右交互に繰り返しながら下に進む。

図案に合わせて深くすくったり、浅くすくったり、
角度を変えてすくっていくこともできます。
糸はゆるめに引いて、
やわらかな感じを大切にするとよいです。

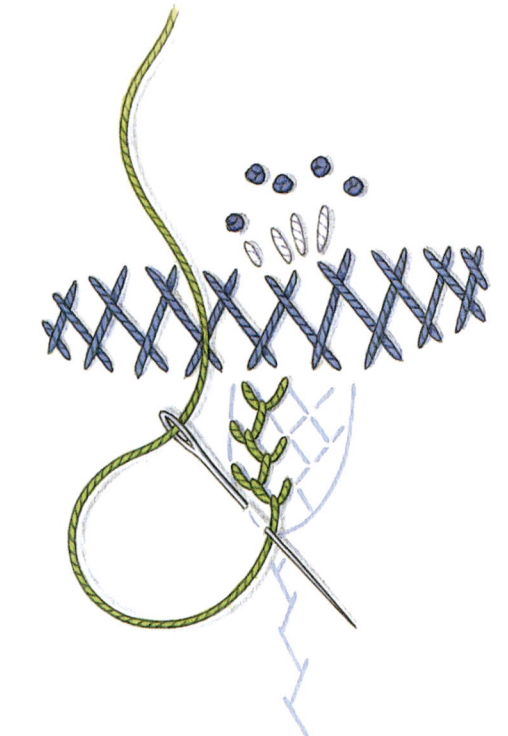

杉あや模様
HERRINGBONE STITCH
ヘリンボーン・ステッチ　★★

1　図案の上下で、
図のように、右から左に
布をすくうこと（返し針）を繰り返し、
糸を交差させながら右に進む。

裾あげ時の裁ち布の
始末縫いがこれです。
布をすくう幅を上下とも同じにすれば、
ステッチが平行に並んだ美しい刺しあがりに。

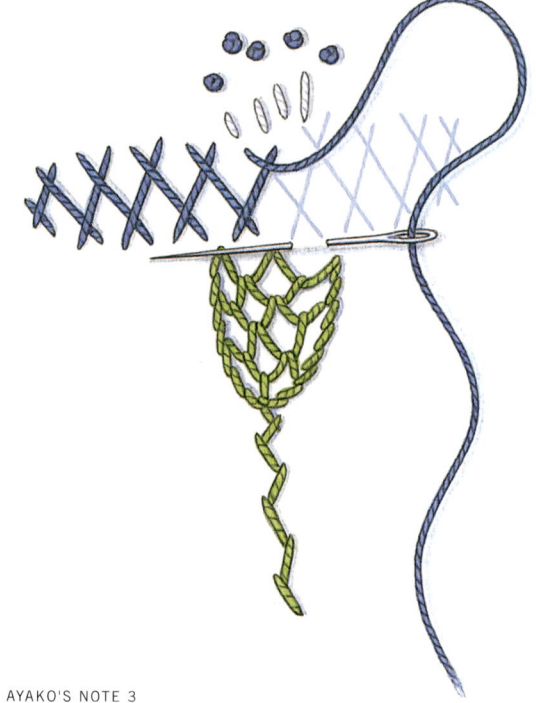

AYAKO'S NOTE 3
色糸の便利な使い方
こまめな糸始末は大事だけれども、たとえばP024-025のバッグのように
色糸をたくさん使うときは、途中で糸を休ませておきましょう。
糸を布の裏側に出しておくと絡まりやすいので、糸を布の表に出しておけばよいのです。
すぐ近くの図案に同じ色の糸を使うときに、もう一度使えばよいのです。

024-25

BAG
バッグ（1）

	バッグ 好みのもの
	[Anchor] 25番糸

- No42
- No45
- No102
- No150
- No263
- No267
- No268
- No300
- No337
- No363
- No365
- No862
- No873
- No901
- No1024
- No1030

[Clover] フランス刺繍針
No6

1 チャコピーで図案を写す。（→P111）
2 花と葉と茎は図案を参照してステッチ（3本どり）。
3 花芯はフレンチ・ノットst（3本どり）。

バランスをみながら、
後ろにある花や草木から刺していく。
フレンチ・ノットstはステッチがでっぱって
ひっかかりやすいので、最後に刺す。
糸はこまめに始末。

A ストレートst
B バックst
C アウトラインst
D チェーンst
E レージー・デージーst
F フレンチ・ノットst
G フライst
H フェザーst
I ヘリンボーンst
J サテンst
K ロング＆ショートst
L バリオンst

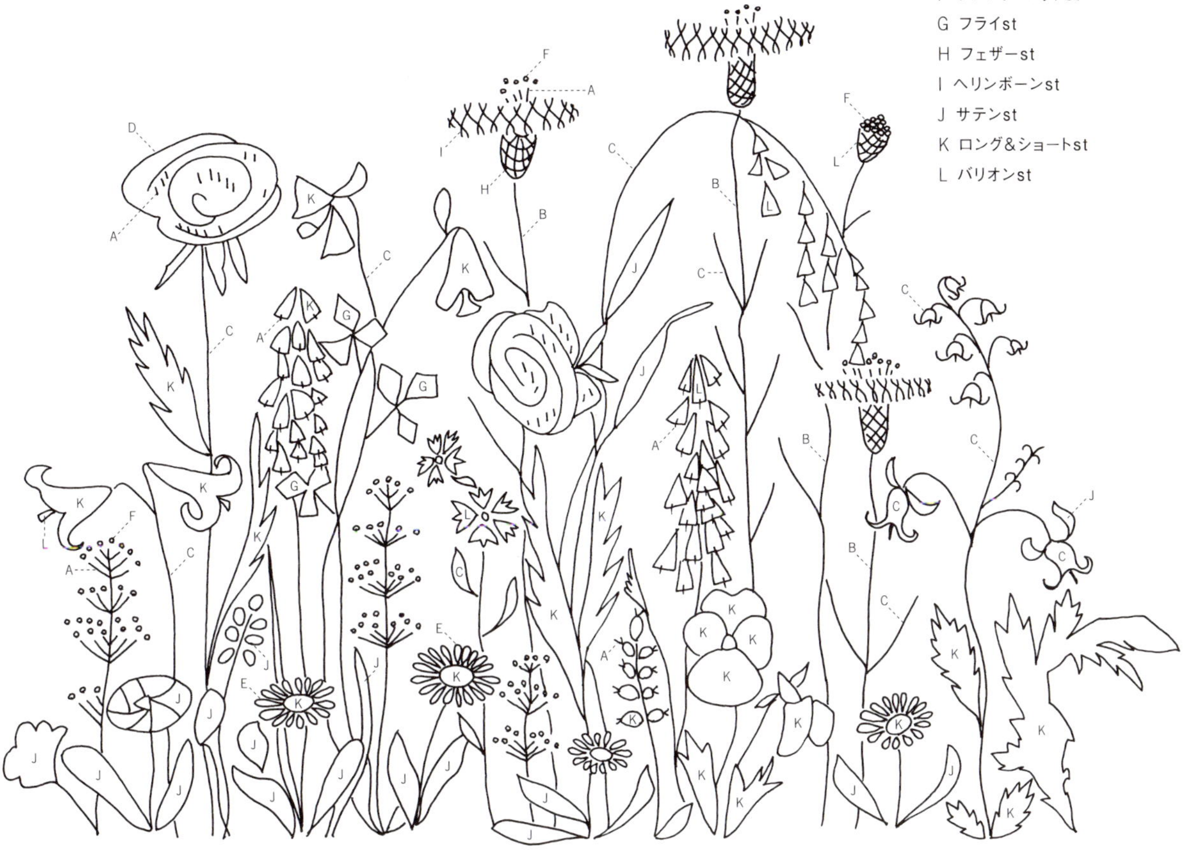

（170%拡大使用）

DESIGN BY KIYOKA IZUMI

ボリューム感が出る
SATIN STITCH
サテン・ステッチ（1）　★★

1　図案の輪郭線の
上から下に糸を渡すことを繰り返す
（下縫いのサテン・ステッチ）。
2　下縫いを芯に、図のように
向きを変えてサテン・ステッチ。

サテン・ステッチは、
小さな図案を
埋めるときに最適なステッチ。
ふつうは下縫いをしないけれども、
下縫いをすることで、ステッチに
ボリューム感をもたせることができます。
下縫いは、ランニング・ステッチでもOK。

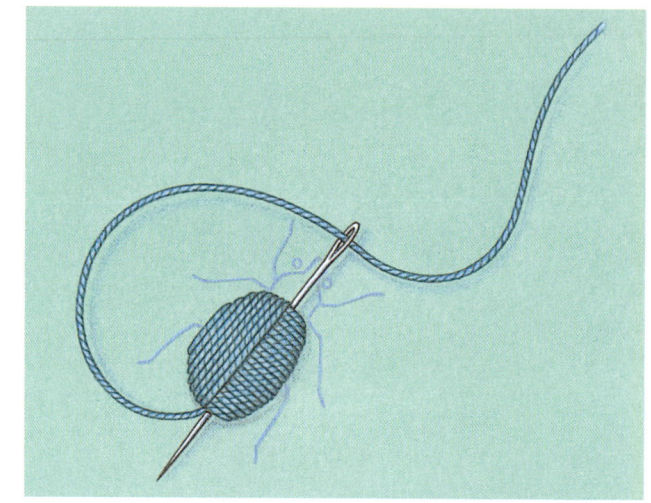

蜘蛛の巣
SPIDER'S WEB STITCH
スパイダーズ・ウェブ・ステッチ　★★

1　糸4本を放射線状に渡す。
2　下糸の交点から針を出し、
糸足2本の下をくぐらせ、1本だけ巻き戻る。
3　同様に巻きかがり続け、
好みの大きさにする。

立体的な面白さのあるステッチ。
糸を巻き取りはじめたら、
最後まで下の布はすくいません。
糸を中心にひっぱりあげながらきつく巻くと、
しっかりと巻き取れます。
巻き糸の色を途中で変えても面白い。

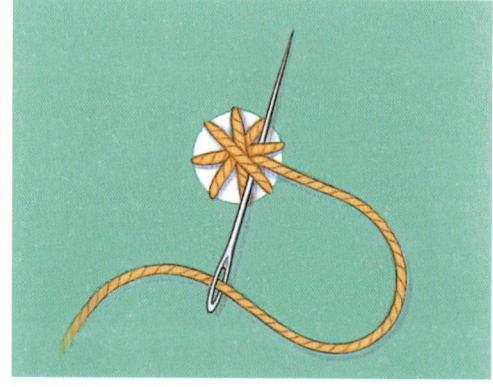

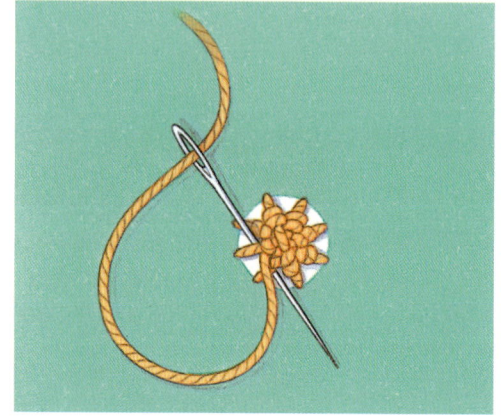

028
GARDENING GLOVE
ガーデニング・グローブ（1）

ガーデニング用グローブ
好みのもの

[Anchor] 25番糸

No162　No382　No410

[Clover] フランス刺繍針
No8

1　チャコペンで図案を描く。（→P111）
2　虫はサテンstの重ね刺し（3本どり）で埋める。
3　虫の脚はバックst（1本どり）。
4　虫から伸びている線はバックst（3本どり）。

グローブのなかにボール紙を入れておくと刺しやすい。

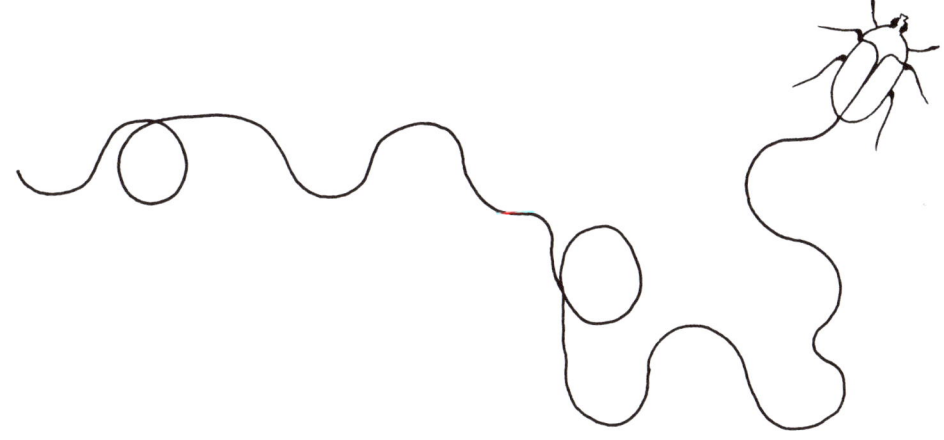

029
GARDENING GLOVE
ガーデニング・グローブ（2）

ガーデニング用グローブ
好みのもの

[Anchor] 25番糸

No74　No110　No238

No293　No329　No1039

No1098

[Clover] フランス刺繍針
No3

1　好みの位置に、小さめ（径8mm）の
　　スパイダーズ・ウェブst（6本どり）。

糸をゆるめに渡しておくと、巻き取ったあと、立体感がより出る。
グローブのなかにボール紙を入れておくと刺しやすい。

格子模様
COUCHED TRELLIS STITCH
コーチド・トレリス・ステッチ　★★

1　針を輪郭線の端から出し、
端に入れることを繰り返し、
図案の面を格子状に埋める。
2　格子の交点を別糸で横にひと針ずつ止め、
縦に止めながら戻っていく。

糸は平行に並べ、
格子のマス目がいびつにならないように。
格子を止めるときは図のように、
斜め上（か下）に止めていくようにしましょう。
止め糸の色を変えても面白い。

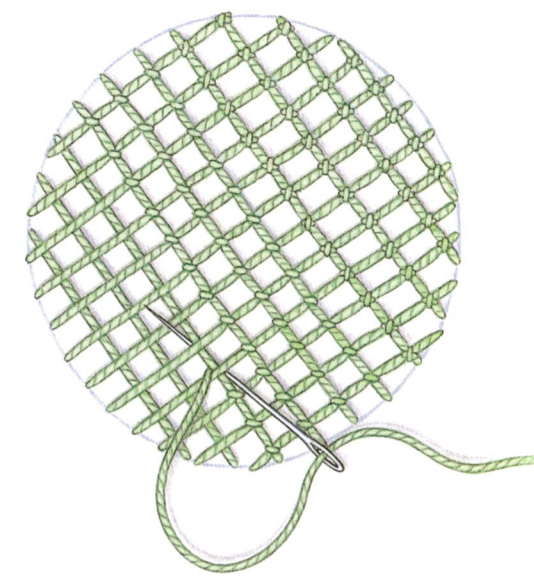

"クレタ島"の名
CRETAN STITCH
クレタン・ステッチ　★★★

1　図案のセンター（補助線）から糸を出し、
輪郭線の右（か左）に針を入れ、
針先の下に糸をかけながら
図のように布をすくい、針を抜く。
2　布をすくうことを
左右交互に繰り返しながら下に進む。

図案の中心に2本の補助線を描き、
この線を目安に布をすくうとわかりやすい。
左からすくうときと右からすくうときは、
布の天地を逆にすると刺しやすい。

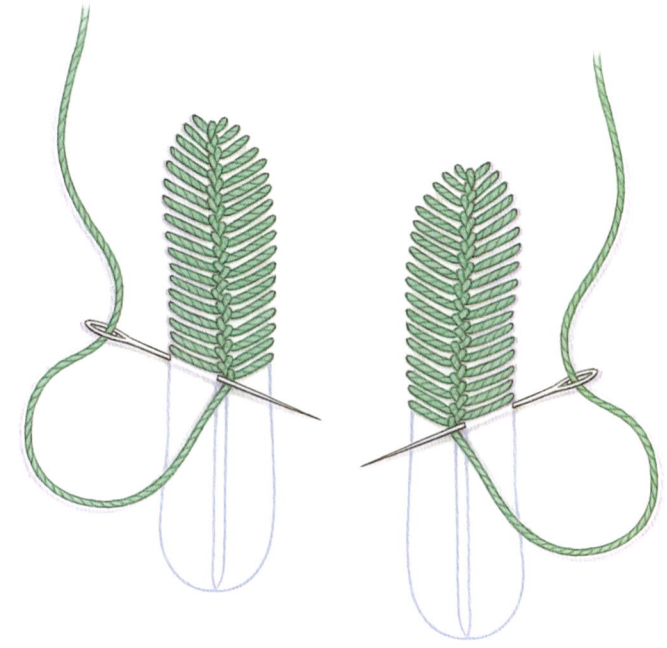

AYAKO'S NOTE 4
白い糸のときは注意して
白い糸で刺繍するときは、ニットなどの毛足の長い衣服を着用しないこと。
刺繍の最中に毛を巻き込んでしまう恐れあり。危険よ。

032
T-SHIRT
Tシャツ（緑）
※好みの虫の図案を使って

Tシャツ
好みのもの

[Anchor] 25番糸
● No189　● No238
● No403　● No1043

[Clover] フランス刺繍針
No6　No8

1 虫の羽はコーチド・トレリスst
（置き糸＝2本どり・止め糸＝1本どり）。
2 虫の胴はクレタンstを密に刺す（4本どり）。
3 虫の頭はフレンチ・ノットst（1〜2本どり）。

Tシャツの内側にも
ピーシングペーパーを
裏貼りしておくと刺しやすい。（→P021）

033
T-SHIRT
Tシャツ（茶）
※好みの虫の図案を使って

Tシャツ
好みのもの

オーガンジー
（青・緑）

[Anchor] リフレクタ
● No300（金）

ポリエステル糸

[Clover] フランス刺繍針
No8

[Clover] ビーズ針

1 オーガンジーの布を
虫（羽・胴・頭）のかたちにカット。
2 布端を
ボタンホールst（1本どり）で縁取りながら、
Tシャツに縫いつける。
3 好みの位置にビーズをとめつける。

ビーズをとめつける糸は
丈夫なポリエステルの糸を使う。
Tシャツの内側にも
ピーシングペーパーを裏貼りしておくと
刺しやすい。（→P021）

Brittany

自由な線
BACK
STITCH
バック・ステッチ　★

1　左から右にひと針刺し、
左に戻って針足の2倍の長さ分、
図のように布をすくい、針を出す。
2　もとの針目に戻り、
布を同様にすくうことを繰り返しながら、
左に進む。

ふた針進んで、ひと針戻る「全返し縫い」が基本。
糸の重なりがないステッチなので、
どんな線もシャープに表せます。
カーブのところは針目を細かく刺していくとよい。
刺し方向にあわせて、
図のように布を回転させると刺しやすい。

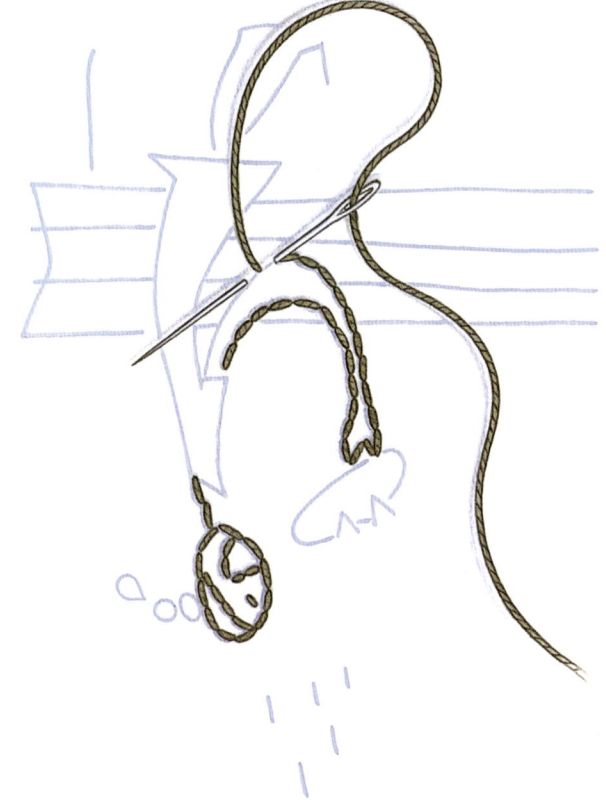

AYAKO'S NOTE 5
ステッチの使い分け
アウトラインstは線を表すステッチの代表。
でもどちらかといえば幅広の線やザクザク刺す線を表すのに適し、
小さな図案にはちょっと不向き。そんなときにはバックst、ランニングst、
コーチングstを。シャープなラインなので、小さな文字や
究極のカーブもラクラク表せるのがこちらのステッチ。

010. 036-037

SKIRT
スカート

	スカート 好みのもの
	[Anchor] 25番糸 ● No403　● No238
	[Clover] フランス刺繍針 No8

1 ピーシングペーパーに図案を写し、アイロンでスカートに貼り付ける。(→P111)
2 ピーシングペーパーの上から図案にそってバックst（1〜2本どり）。

要所はアウトラインまたはランニングstで変化をつけて。
糸はこまめに始末。

（400％拡大使用）

ILLUSTRATIONS BY YUKARI MIYAGI

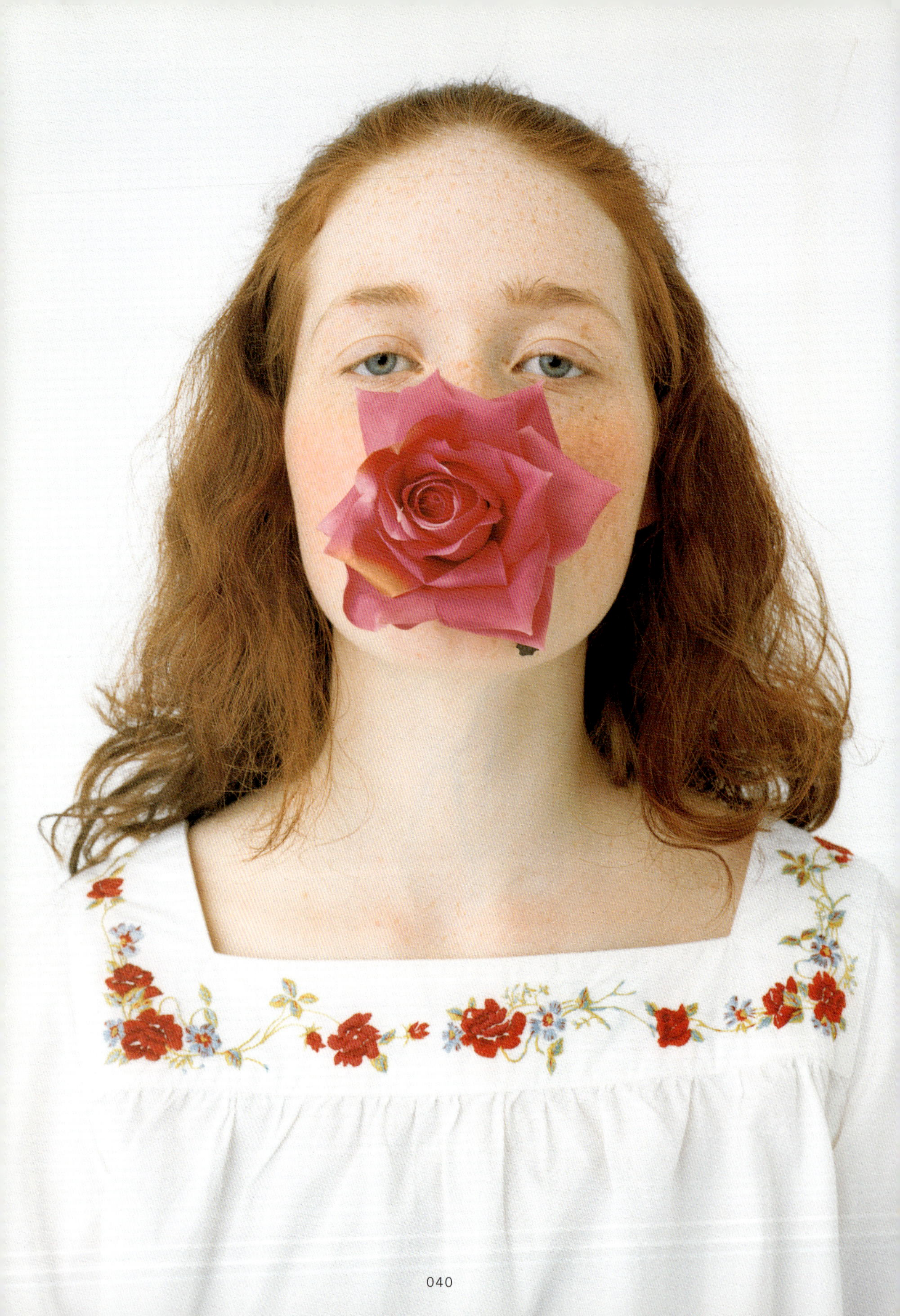

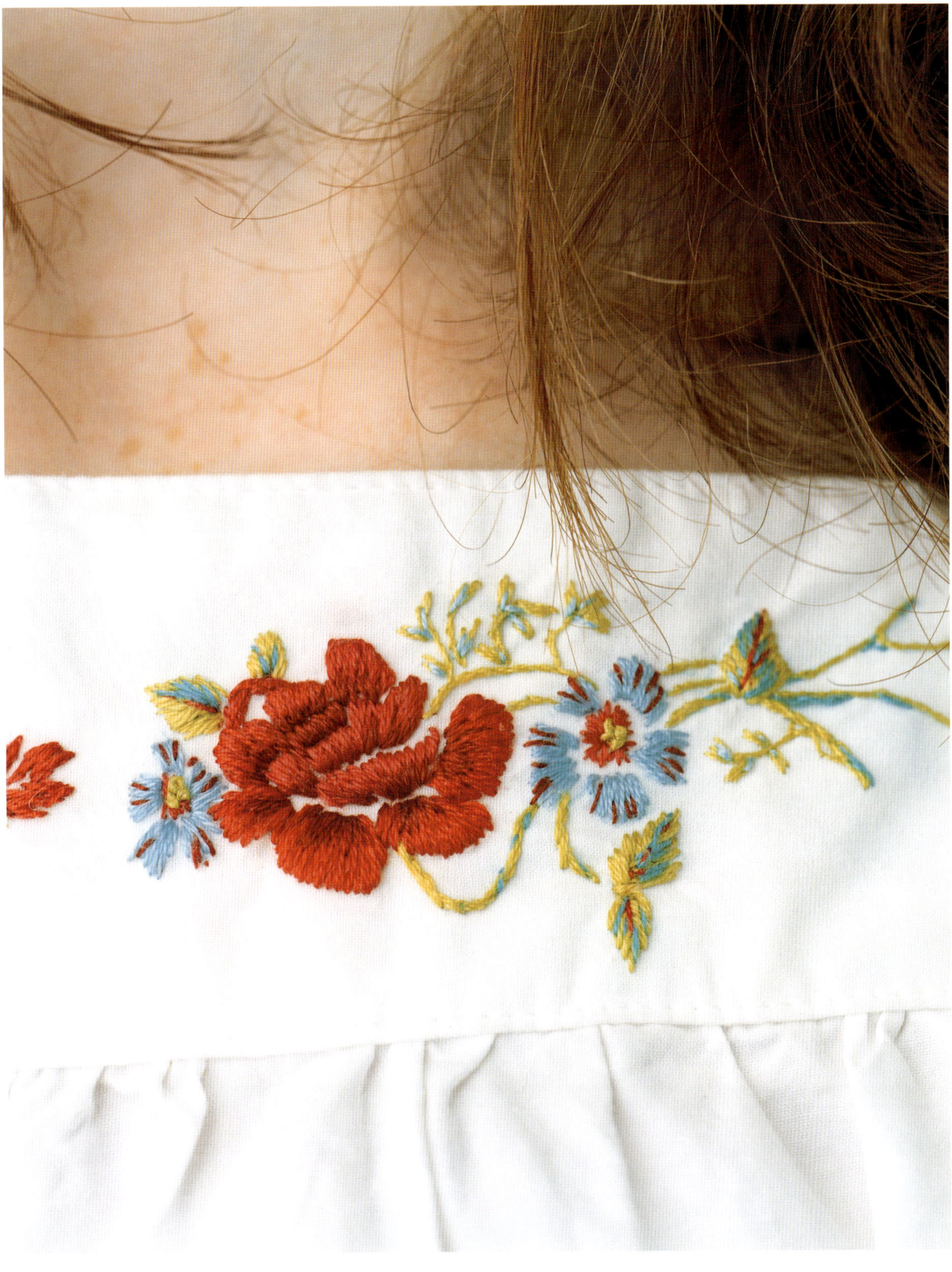

表情の出る
LONG AND SHORT STITCH
ロング・アンド・ショート・ステッチ　★★

1　輪郭線の片側にランニング・ステッチ。(→P078)
2　図案の中心(ランニング・ステッチの真ん中)に針を出し、
ランニング・ステッチを芯に、図のように
針足の長い短いステッチを繰り返して図案の左側を埋める。
3　針を布の裏側のステッチにくぐらせて、
図案の中央に針を戻し、図案の右側を同様に埋める。

つねに図案の中心から刺しはじめることで、
バランスのよい刺しあがりになります。
長さを不統一にしながら、
針足がまっすぐになるように刺したステッチを並べ、
下の布が見えないように図案を密に埋めます。

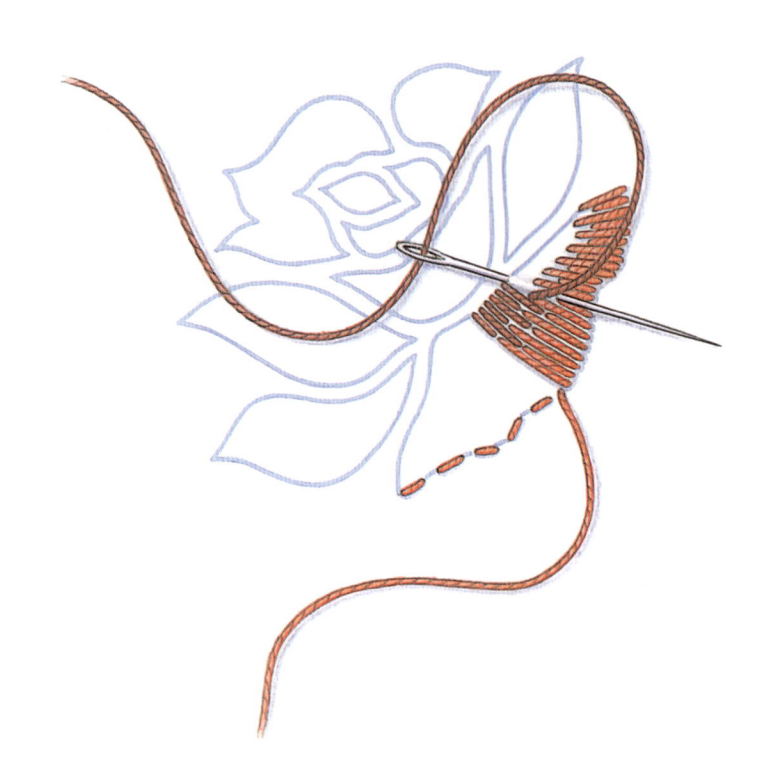

AYAKO'S NOTE 6
1本マジック
サテンstやロング・アンド・ショートstは結構大変で、
なかなかきれいに埋まらない、というときのとっておきテクニック。
刺し終わりに1本どりの糸でステッチとステッチのあいだを割るように刺すと、
刺し損ないも見事に隠れてしまい、陰影のある密な刺しあがりに。

040-041

WHITE
BLOUSE
ブラウス

ブラウス
好みのもの

[Anchor] 25番糸
- No20
- No159
- No254
- No1025

[Clover] フランス刺繍糸
No8 No9

1 チャコピーで図案を写す。(→P111)
2 花はロング＆ショートst（2本どり）で埋める。
3 茎はアウトラインst（1〜2本どり）。
4 葉はサテンst（2本どり）で埋める。

花や葉は刺し終えたら、
ステッチとステッチのあいだを
1本どりの糸で割って刺すと
密に埋まる。(→P042)

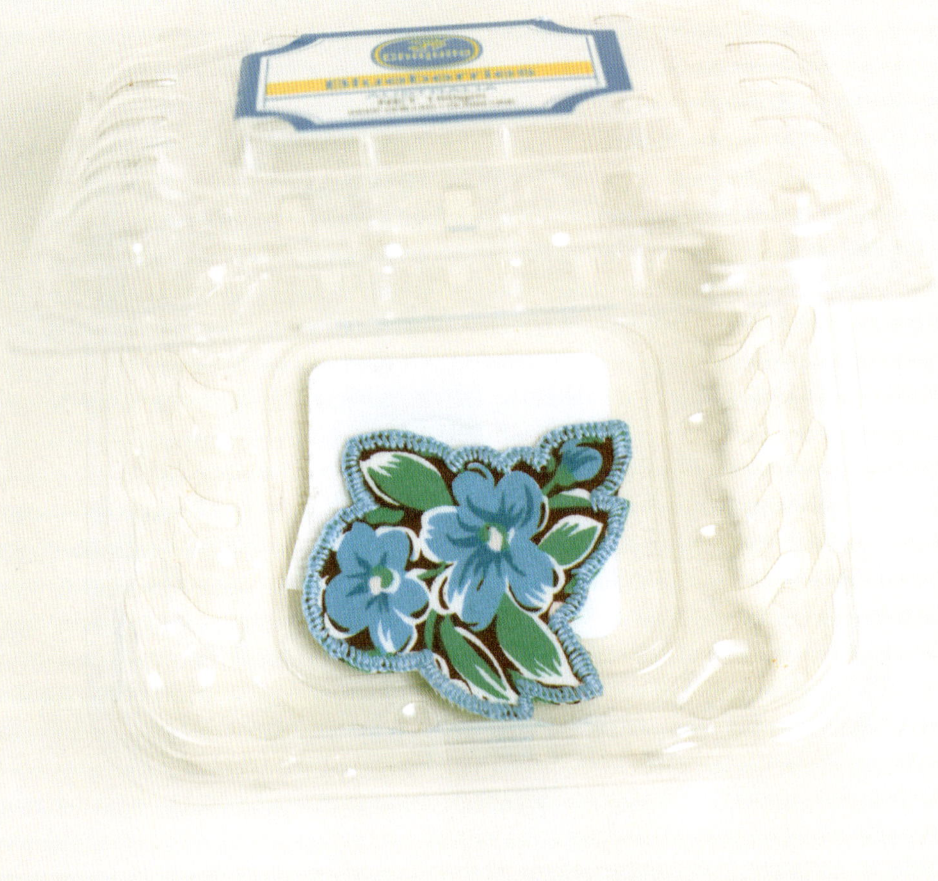

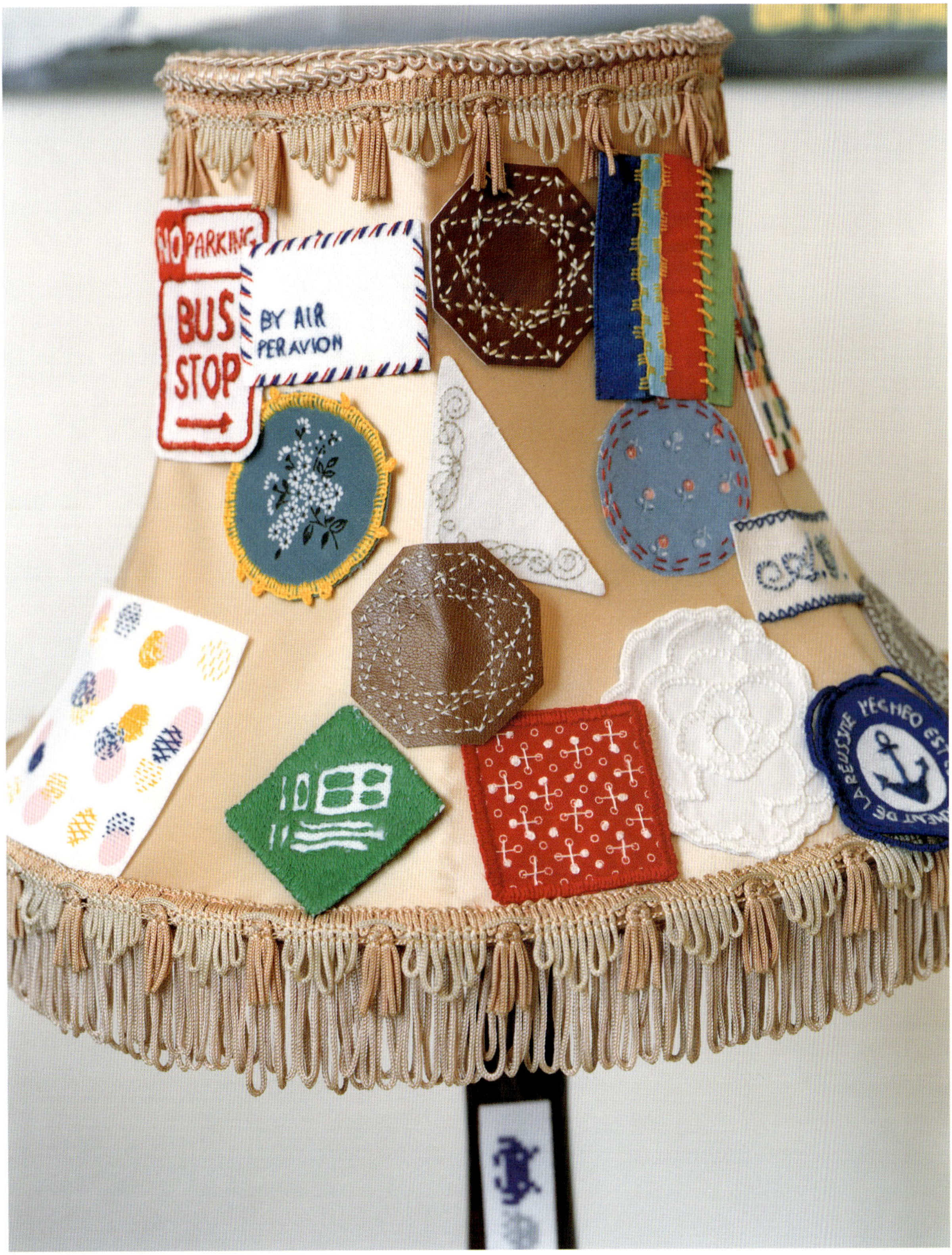
BUS
STOP
BY AIR
PERAVION

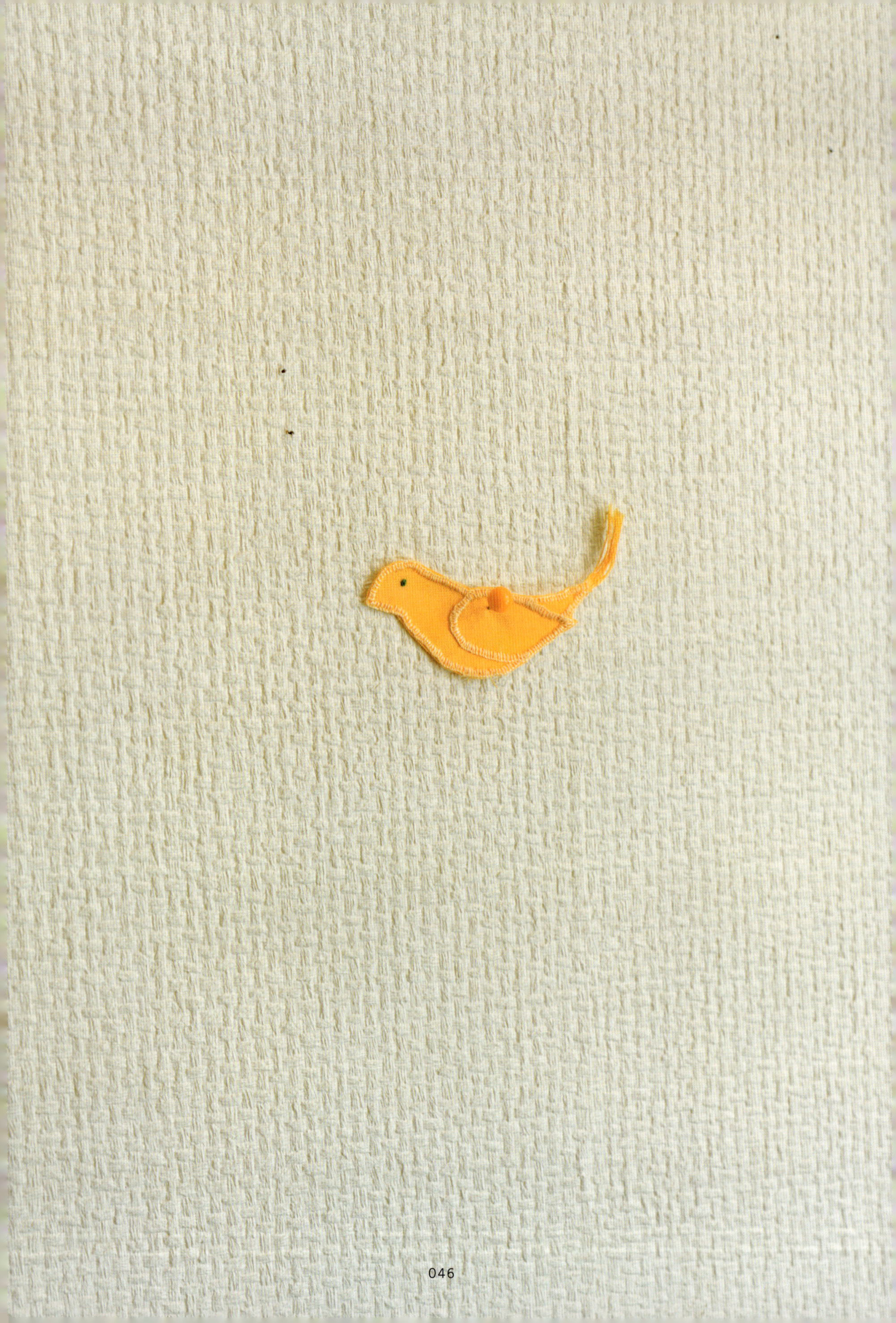

047

縁飾りに
BULLION
PICOT STITCH
ブリオン・ピコット・ステッチ　★★★

1　布端にボタンホール・ステッチ。(→P060)
2　ステッチの途中で
針先に糸を7〜8回巻きつけ、
針を抜いてピコット(粒状の飾り)をつくる。
3　もとの針目に戻って
再びボタンホール・ステッチ。
4　2、3を繰り返しながら、左に進む。

糸を何度も巻きつけて
モール状のピコットをつくる刺し方。
糸はきつくならない程度に巻き、
巻きつけた糸を針の根元に寄せて、
軽く押さえながら針を抜く。
針穴の大きな針は、
巻きつけた糸が抜けにくいので要注意です。

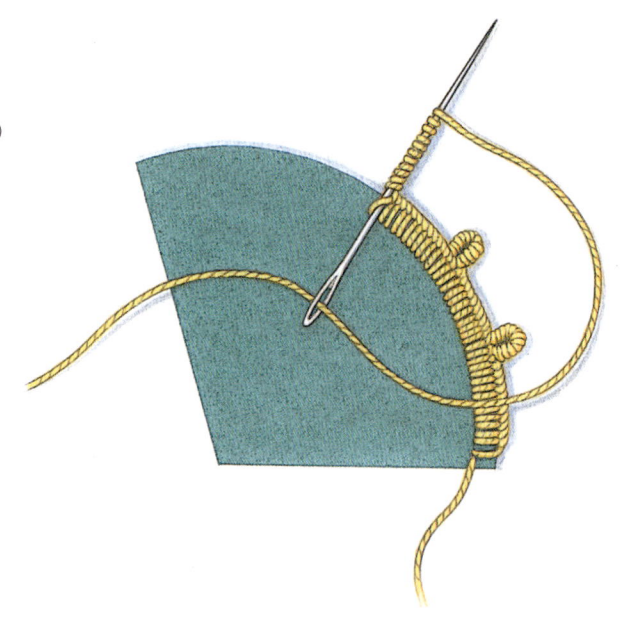

2枚の布をつなぐ
OVERCAST BAR
INSERTION STITCH
オーバーキャスト・バー・インサーション・ステッチ　★★★

1　布を2枚用意。
2枚の布の際から際に針を出し入れし、
布と布のあいだに糸を2本渡し、
渡した糸を根本から巻きかがる。
2　かがり終えた側の布の根本に針を入れ、
左に布をすくい、ひと針刺し進める。
3　同様に繰り返し、
布と布をバー(糸棒)でつなぐ。

渡した糸がバーの芯になるので、
仕上がりの太さに合わせて
2本を最小単位に4本、6本…と
糸を渡してもよい。
渡した糸が見えないように
糸はしっかりきつく巻きましょう。

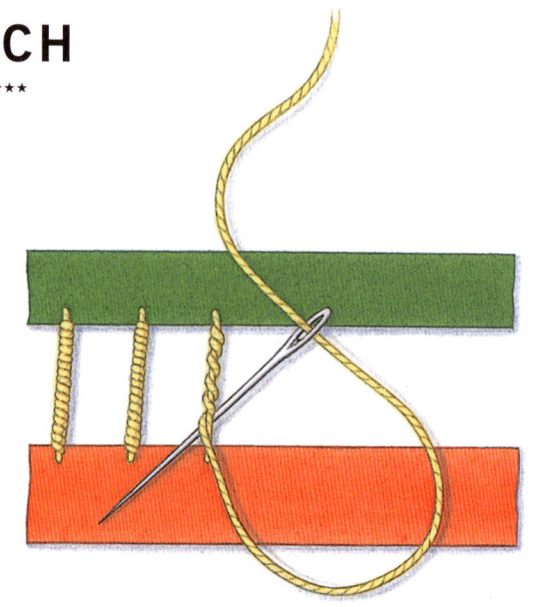

044-047

TAG'S
タグ

ハギレを利用していろいろなタグを作ろう。タグの裏に両面接着シートを貼ります。
チャコペン、ピーシングペーパーを利用して図案を描いてください。（すべて150％拡大使用）
小さくて刺しにくい場合は、刺繍をしてからタグの形にあわせてカットしましょう。

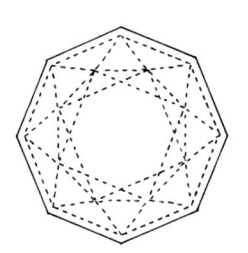

[Anchor] 25番糸　　[Clover] フランス刺繍針
○ No1　　No8

1 タグの形にあわせて布（合皮でもよい）をカット。
2 図案にそってランニングst（1～2本どり）。

[Anchor] 25番糸　　[Clover] フランス刺繍針
● No290　　No8

1 タグの形にあわせて布をカット。
2 布端にブリオン・ピコットst（2本どり）。

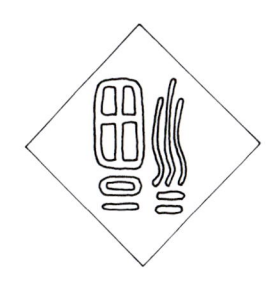

[Anchor] 25番糸　　[Clover] フランス刺繍針
● No227　　No9

1 タグの形にあわせて布をカット。
2 文字を残してアウトラインst（1本どり）で埋める。
　このとき布端も一緒に巻き込んでステッチをする。

[Anchor] 25番糸　　[Clover] フランス刺繍針
● No1038　　No8

1 タグの形にあわせて布をカット。
2 布端にボタンホールst（2本どり）。

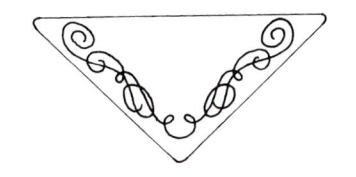

[Anchor] 25番糸　　[Clover] フランス刺繍針
● No213　● No859　　No9

1 タグの形にあわせて布をカット。
2 図案にそってバックst（1本どり）。

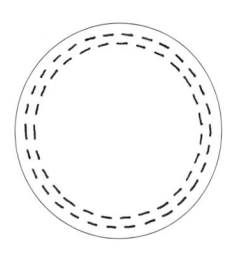

[Anchor] 25番糸　　[Clover] フランス刺繍針
● No9046　　No9

1 タグの形にあわせて布をカット。
2 布端の内側にランニングst（1本どり）。

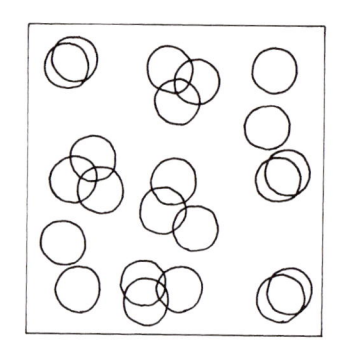

[Anchor] 25番糸　　　[Clover] フランス刺繍針
● No139　● No290　　No9

1 タグの形にあわせて布をカット。
2 円の輪郭をランニングst（1本どり）。
好みでアウトラインst、ヘリン・ボーンstで埋めてもよい。

[Anchor] 25番糸　　　[Clover] フランス刺繍針
○ No1　　　　　　　No9

1 タグの形にあわせて布をカット。
2 花びらの輪郭は密にボタンホールst（1本どり）。

[Anchor] 25番糸　　　[Clover] フランス刺繍針
○ No1　● No47　　　No8

1 タグの形にあわせて布をカット。
2 布端は密にボタンホールst（2本どり）。
3 好みの位置にクロスst（1本どり）。
4 クロスの先端にフレンチ・ノットst（1本どり）。

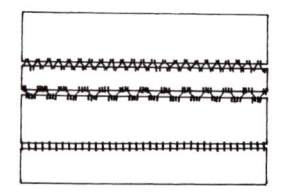

[Anchor] 25番糸　　　[Clover] フランス刺繍針
● No291　　　　　　No8

1 リボンとリボンをオーバーキャスト・バー・
インサーションst（2本どり）でつなぐ。
ボタンホールstを、
向きを交互に刺してつなぐこともできる。

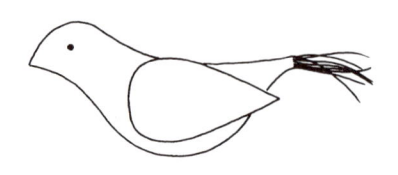

[Anchor] 25番糸　　　[Clover] フランス刺繍針
● No292　● No297　　No8

1 タグの形にあわせて布をカット。
2 布端にボタンホールst（2本どり）。
3 羽をボタンホールst（2本どり）。
4 目をフレンチ・ノットst（1本どり）。
5 尾っぽに糸を飾りつける。

[Anchor] 25番糸　　　[Clover] フランス刺繍針
○ No1　● No143　　No8

1 タグの形にあわせて布をカット。
2 イニシャルをアウトラインst（1本どり）。
アウトラインstを芯に別糸で巻きかがる（1本どり）。
3 布端にボタンホールst（1本どり）。

[Anchor] 25番糸　　　　　　　[Clover] フランス刺繍針
○ No1　● No134　　　　　No9

1　タグの形にあわせて布をカット。
2　文字はアウトラインst（1本どり）。
3　いかりマークはアウトラインst（1本どり）で埋める。
4　布端にボタンホールst（1本どり）で、
　　ステッチの途中で糸を3本渡しながら
　　巻きかがる。

[Anchor] 25番糸　　巻き糸　　[Clover] フランス刺繍針
● No403　　　銀糸　　　　No9

1　タグの形にあわせて布をカット。
2　バーコードはアウトラインst（1本どり）を、
　　太さにあわせてステッチを何本か
　　増やしながら刺す。
3　数字はバックst（1本どり）。

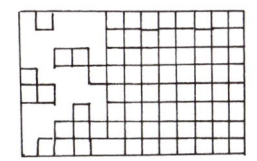

[Anchor] 25番糸　　　　　　　[Clover] フランス刺繍針
● No134　● No9046　　　No9

1　タグの形にあわせて布をカット。
2　文字はコーチングst（1本どり）。
3　布端を間隔をあけて巻きかがる（1本どり）。

[Anchor] 25番糸　　　　　　　[Clover] フランス刺繍針
糸は好みの色で　　　　　　　No8

1　タグの形にあわせてキャンバス地をカット。
2　布目一目のサテンst（2本どり）。

[Anchor] 25番糸　　　　　　　[Clover] フランス刺繍針
● No46　● No76　　　　　No8
● No148　● No178
● No100　○ No398

1　タグの形にあわせて布をカット。
2　布目一目のクロスst（2本どり）。

[Anchor] 25番糸　　　　　　　[Clover] フランス刺繍針
● No1025　　　　　　　　　No9

1　タグの形にあわせて布をカット。
2　文字と矢印はサテンst（1本どり）。
3　布端をサテンst（1本どり）で縁取る。

052

053

結び玉の
FRENCH KNOT STITCH
フレンチ・ノット・ステッチ　★

1　針を出し、針先に糸を2〜3回巻きつける。
2　針をもとの針穴に垂直に立てて入れ、片手で糸をひっぱりながら針を布の裏に送る。

針を立てながら糸を引き締めていくことで、かたちのきれいなノット（結び玉）ができる。糸のゆるめ方の違いでいろいろな表情に（作例参照）。

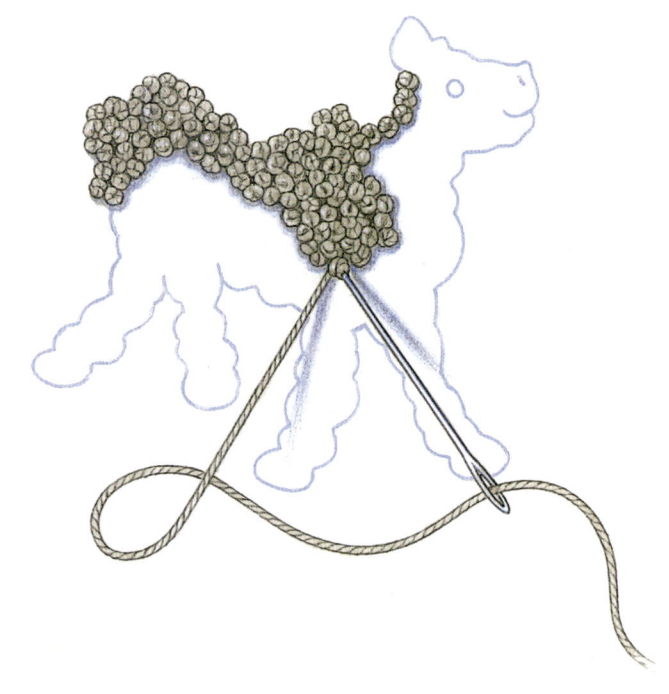

052-053
TABLE CLOTH
テーブルクロス

布
好みのもの

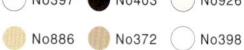

[Anchor] 25番糸
No397　No403　No926
No886　No372　No398
No233　No410　No401
No360

[Clover] フランス刺繍針
No3

1　チャコペンで図案を描く。（→P111）
2　羊をフレンチ・ノットst（4〜6本どり）。

羊の輪郭線にはきつめのノット。
内側はゆるめのノット。

AYAKO'S NOTE 7
色の強さに注意

糸の色は束で見たときの印象と、刺して見たときの印象とは大違い。刺しているときのほうが色みは薄くなります。
アレッ!! なんてことにならないように、糸を購入するときは刺したい布を持っていき、布の上に糸を置きながら色みをイメージしましょう。

透かし模様
LACE FILLING STITCH
レース・フィリング・ステッチ（1） ★★★

1　1列目は、
ボタンホール・ステッチ（→P060）で、
右から左に進む。
2　2列目からは、前段の糸に図のように
針を1回かけながら図案の端まで戻り、
面を埋める（最終列は、
針をかけながら布をすくい、
ステッチを布に止めつける）。

布は列の端ですくい、
最終列まで布をすくわないように。
長目に糸を用意して
糸つぎは列の両端でしましょう。

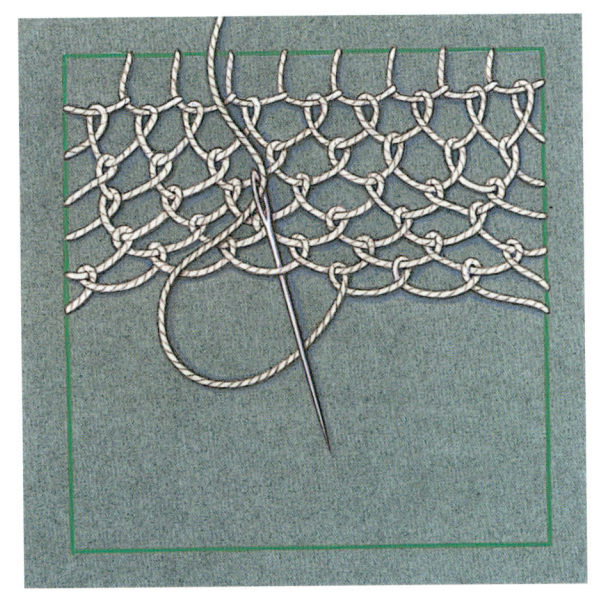

056-057
SHOES
靴

布製の靴	好みのもの
[Anchor] パールコットン8番	No128
[Clover] フランス刺繍針	No5

1　玉結びをして、靴のつま先から針を出す。
つま先のラインにそって、糸をたるませた
ボタンホールst（1本どり）を1列目にする。
2　2列目から1のステッチに糸をかけながら
レース・フィリングst（1本どり）。

靴なので、糸の始末は玉結びでOK。

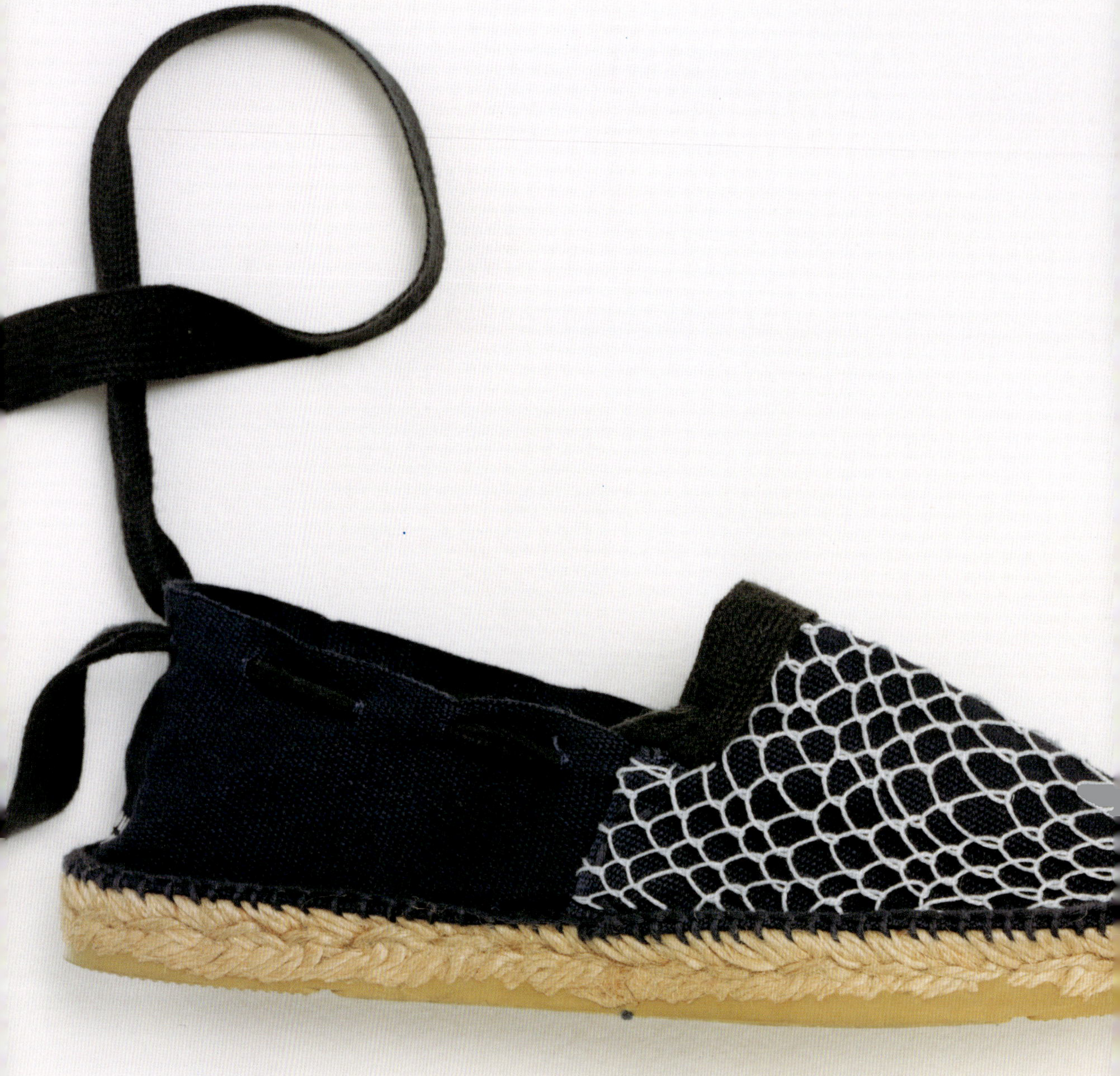

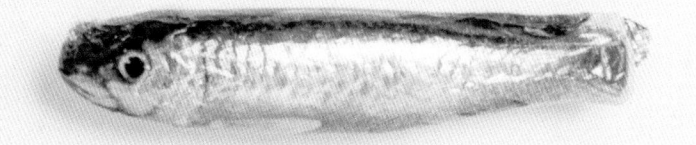

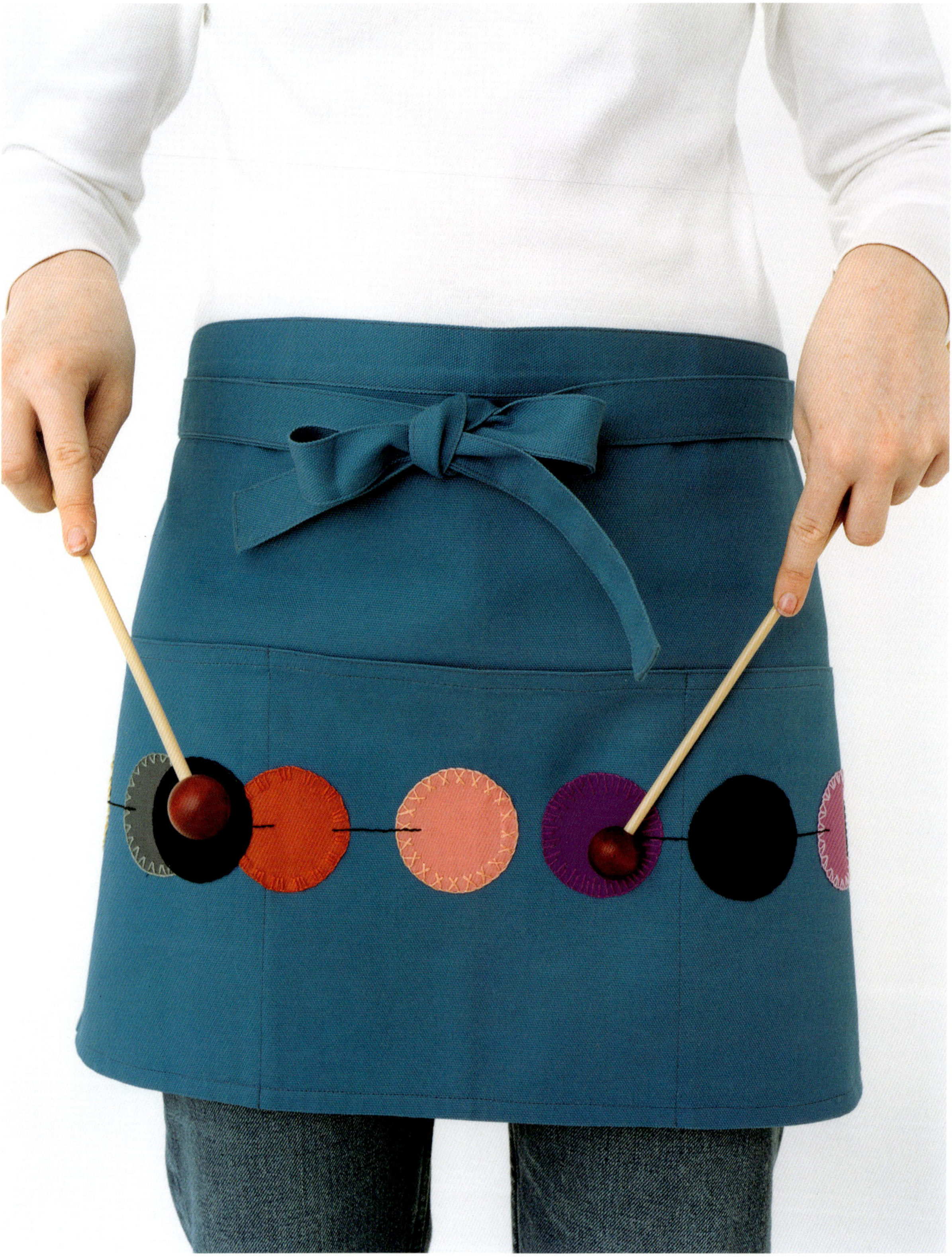

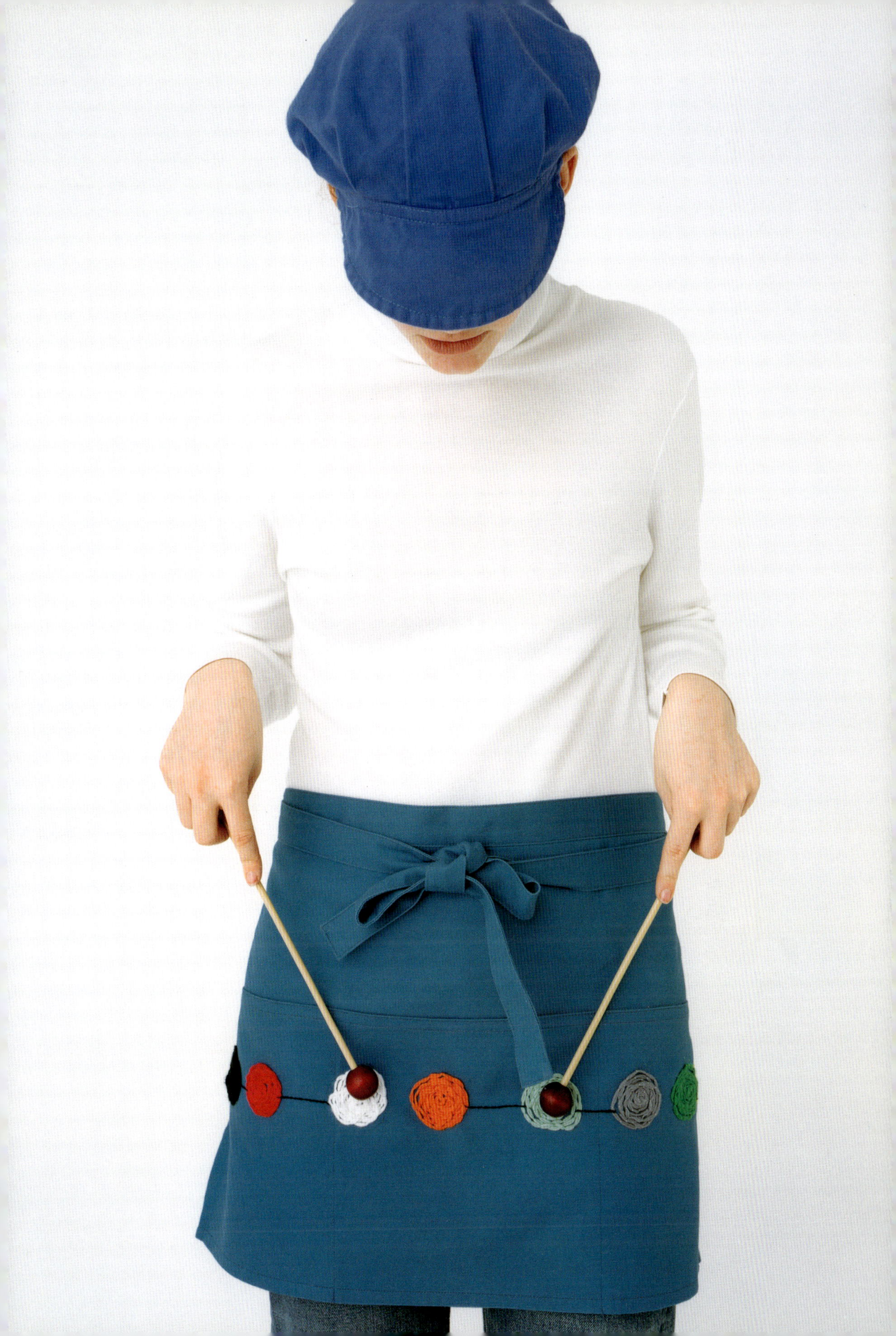

布端を飾る
BUTTONHOLE
STITCH
ボタンホール・ステッチ　★

1　図案の輪郭の上に針を出す。
2　図のように糸をかけながら
布をすくい、針を抜く。
3　2を繰り返しながら、左に進む。

図案の輪郭線に対して
直角に布をすくうのが
基本ですが、布をすくう
長さや向きでいろいろな
表情が楽しめます
（作例参照）。

AYAKO'S NOTE 8
針目の長さ
針目を細かく、針目を粗く…といわれてもその基準がわからない人。
刺繍の基本は細かく均一に刺すこと。あえていうなら針目は2〜3mmが適当。
でもこれはルールではないから、仕上がりをイメージしながら臨機応変に
自分の感覚で刺すことのほうが大事。

058
GARÇON APRON
ギャルソンエプロン（アップリケ）

ギャルソンエプロン
好みのもの

色布
黄　黒　グレー　オレンジ
ピンク　紫　サーモンピンク
ターコイズブルー

[Anchor] 25番糸
- No90
- No100
- No293
- No326
- No403
- No1066
- No8581
- No9575

[Clover] フランス刺繍針
No8

1　布を円（径6cm）にカット。
2　両面接着シートを円（径6cm）にカット。
3　アイロンを使い、両面接着シートの片面に布を貼り、もう片面はエプロンに貼り付ける。
4　円のまわりはエプロンの布をすくいながら、ボタンホールst（3本どり）。
5　円と円をつなぐラインはバックst（3本どり）。

刺繍糸はアップリケの布に
限りなく近い色、
1トーン薄い色にするとすてき。

059
GARÇON APRON
ギャルソンエプロン（ウズマキ）

ギャルソンエプロン
好みのもの

[Anchor] ソフトエンブロイダリー
- No1
- No214
- No229
- No235
- No288
- No316
- No335
- No403

[Anchor] パールコットン8番糸
- No1
- No214
- No229
- No235
- No288
- No316
- No335
- No403

[Clover] フランス刺繍針
No9

1　チャコペンで円（径6cm）の図案を描く。（→P111）
2　円の中心から渦巻状にコーチングstで埋める
（置き糸＝ソフトエンブロイダリー1本どり・
止め糸＝パールコットン2本どり）。

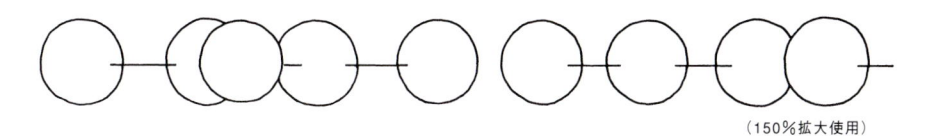

（150％拡大使用）

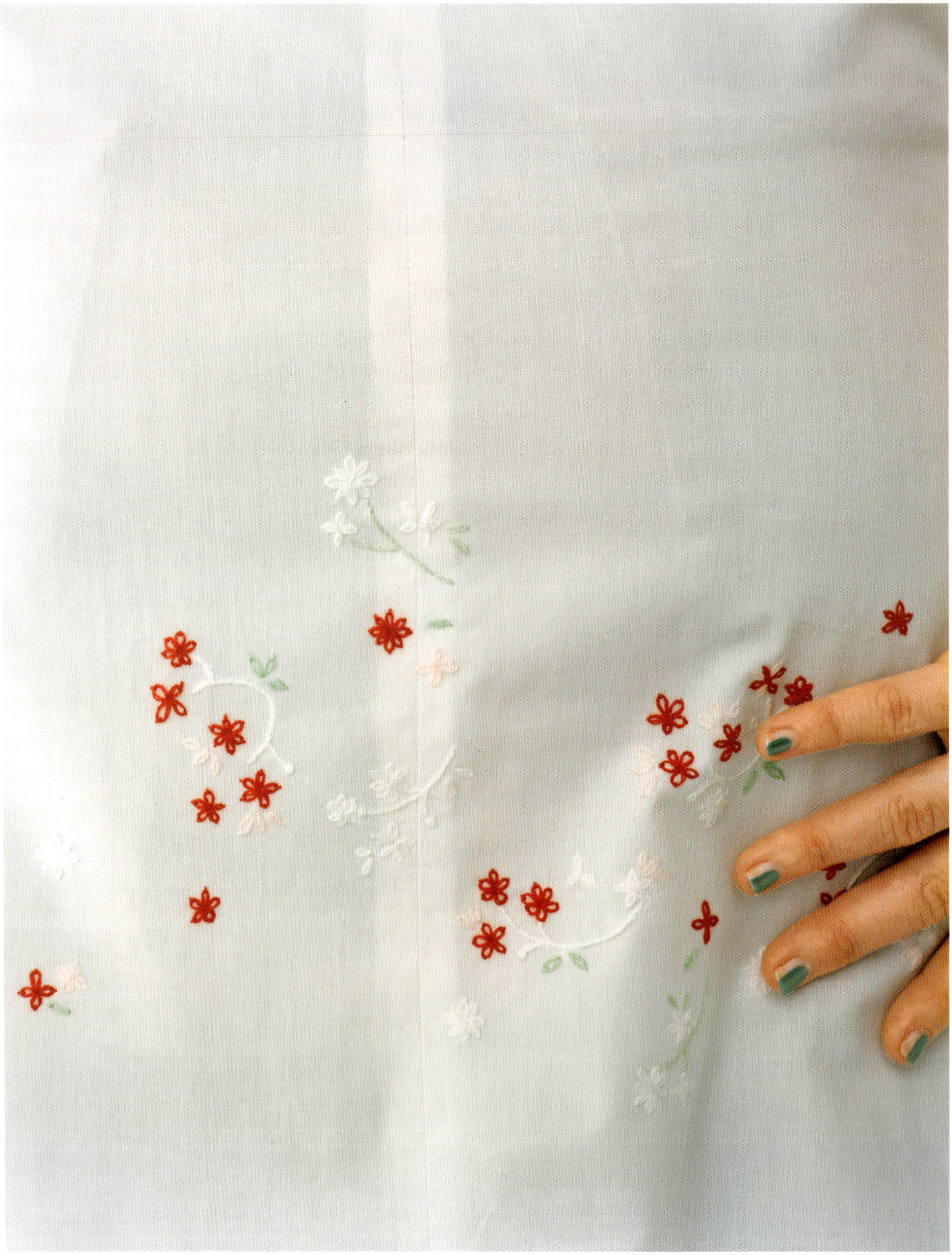

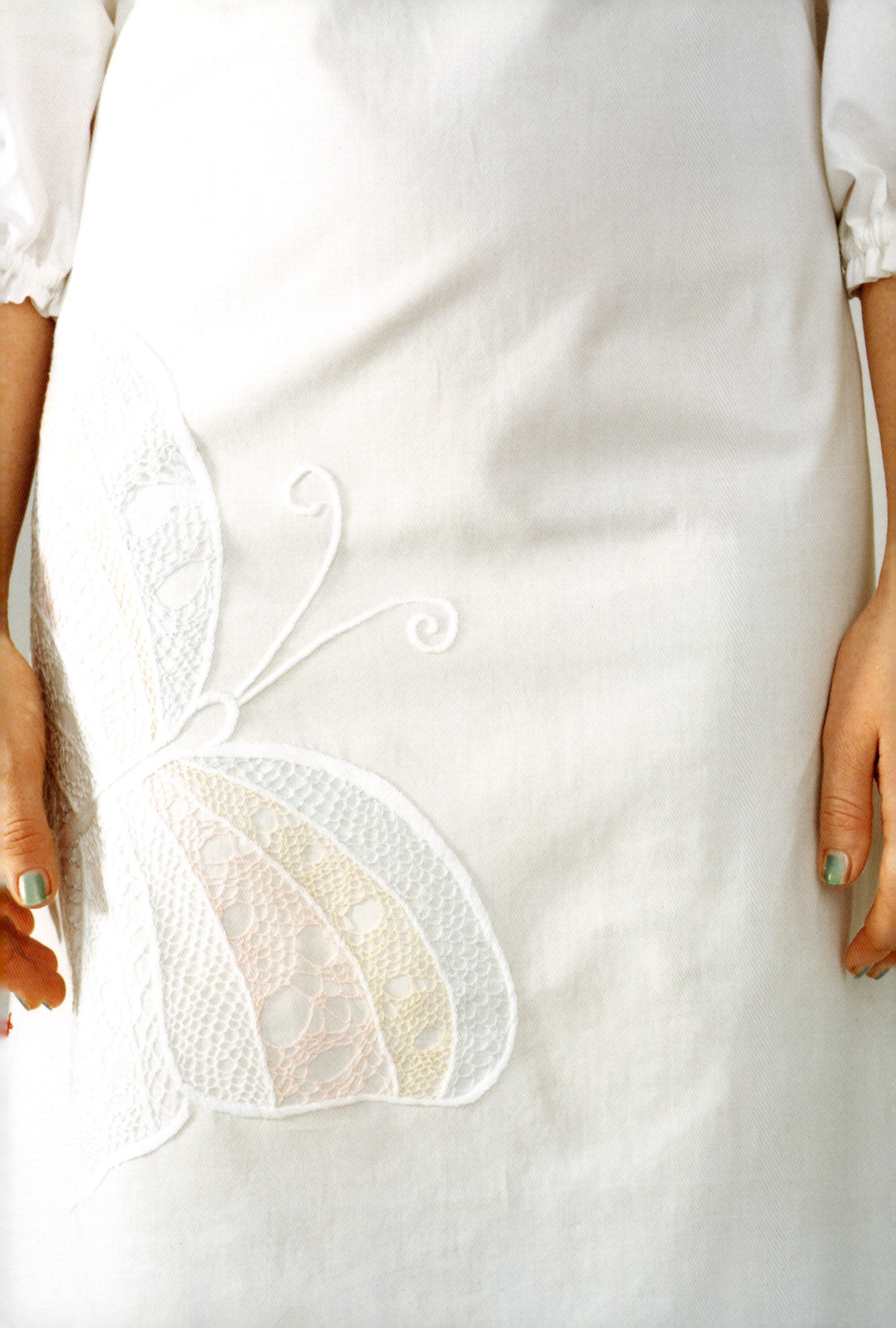

花びらができる
LAZY DAISY STITCH
レージー・デージー・ステッチ ★

1 針を出し、針目の際に針を入れ、
針先の下に糸をかけながら
図のように布をすくい、針を抜く。
2 輪になったステッチを
針足の短いステッチで止める。

輪のセンターに向かって、
まっすぐに布をすくうようにするときれい。

透かし模様
LACE FILLING STITCH
レース・フィリング・ステッチ（2） ★★★

1 1列目は、バック・ステッチ（→P038）で、右から左に進む。
2 2列目からは、前段の糸に図のように針をかけながら、図案の端まで戻る。
列ごと、針をかける回数を（1回、2回…）と変えながら
図案の面を埋める（最終列は、針をかけながら布をすくい、
ステッチを布にとめつける）。

布は列の端ですくい、
最終列まで、すくわないように。
長めに糸を用意して、
糸つぎは列の両端でしましょう。

究極の
HOLLIE STITCH
ホーリー・ステッチ ★★★

1 1〜2列目は、
レース・フィリング・ステッチと同じ要領。
2 3列目からは、図のように、
右から左に1本の糸を渡し、
渡した糸と前段の糸に一緒に
針をかけながら図案の端まで戻る
（最終列は、針をかけながら布をすくい、
ステッチを布にとめつける）。

布は列の端ですくい、
最終列まで、すくわないように。

AYAKO'S NOTE 9
花もいろいろに
フェザーstは葉や花など植物系の表現にピッタリ。
フレンチ・ノットstで花芯を、レージー・デージーstで花びらは当り前。

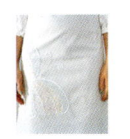

008-009, 062-063

COTTON ONE-PIECE
ワンピース

コットンのワンピース
好みのもの

[Anchor] 25番糸
- No1
- No13
- No48
- No128
- No240
- No926

[Clover] フランス刺繍針
No8

1 紙に図案を写す。
2 ワンピースの内側に図案を置き、ワンピースの上からチャコペンで点線を描くようにかるくなぞる。
3 蝶の輪郭はアウトラインst（3本どり）で糸と糸の重なりを深くしてステッチ。
4 羽をレース・フィリングstとホーリーst（3本どり）で埋め、羽のラインをアウトラインst（3本どり）で縁取る。
5 小花はレージー・デージーst（2本どり）。
6 茎はアウトラインst（2本どり）。

（蝶は400％拡大使用）

066

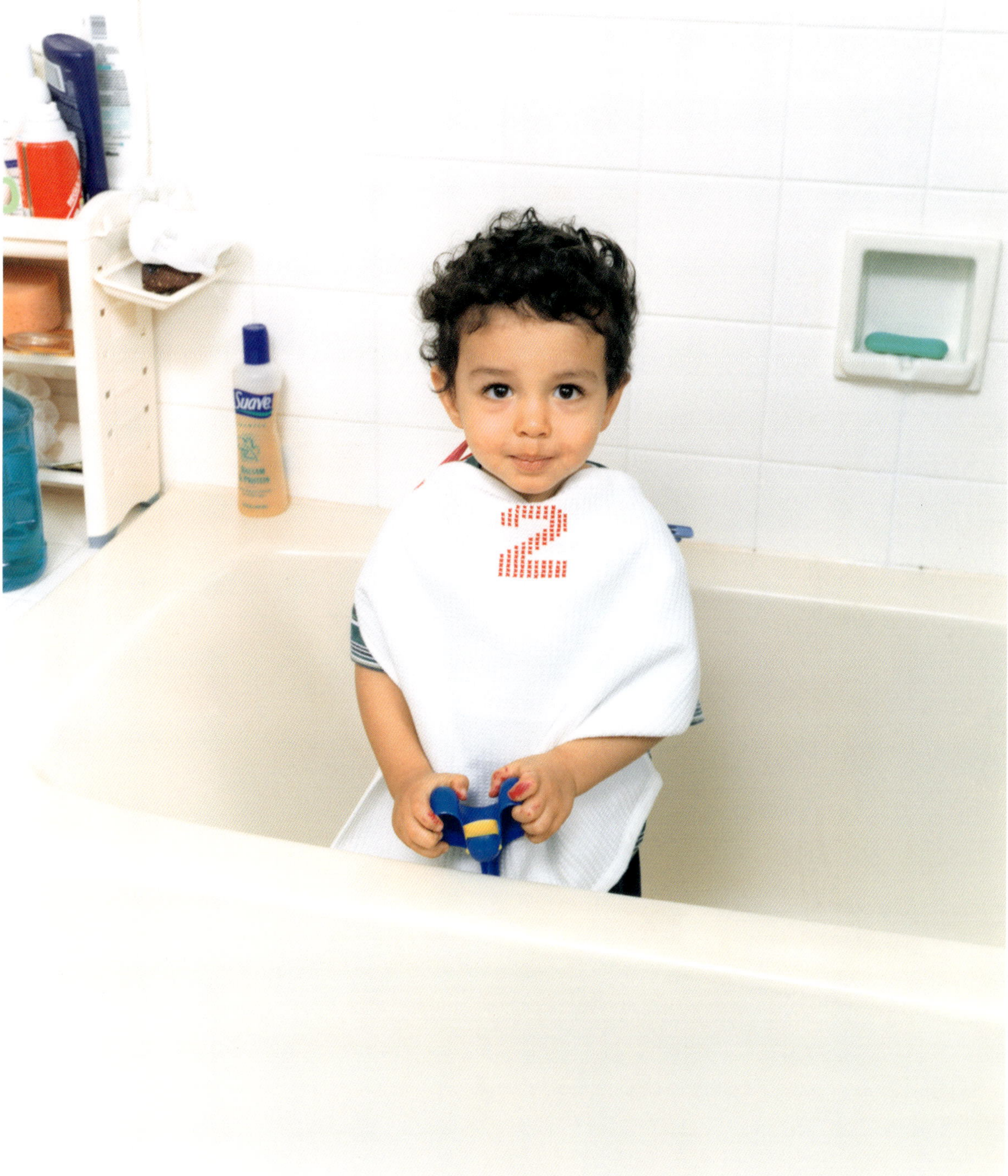
Suave
2

ワッフル地で
CROSS
STITCH
クロス・ステッチ（2）　★

1　ワッフル地の布目（凹）を
数えながら糸を十字に交差させる
（クロス・ステッチ）。
クロス（十字）の上糸・下糸の重なりは
いつも同じにしましょう。

糸をきつくひっぱりすぎると、
ステッチが布目（凸）に
埋もれてしまうので注意。

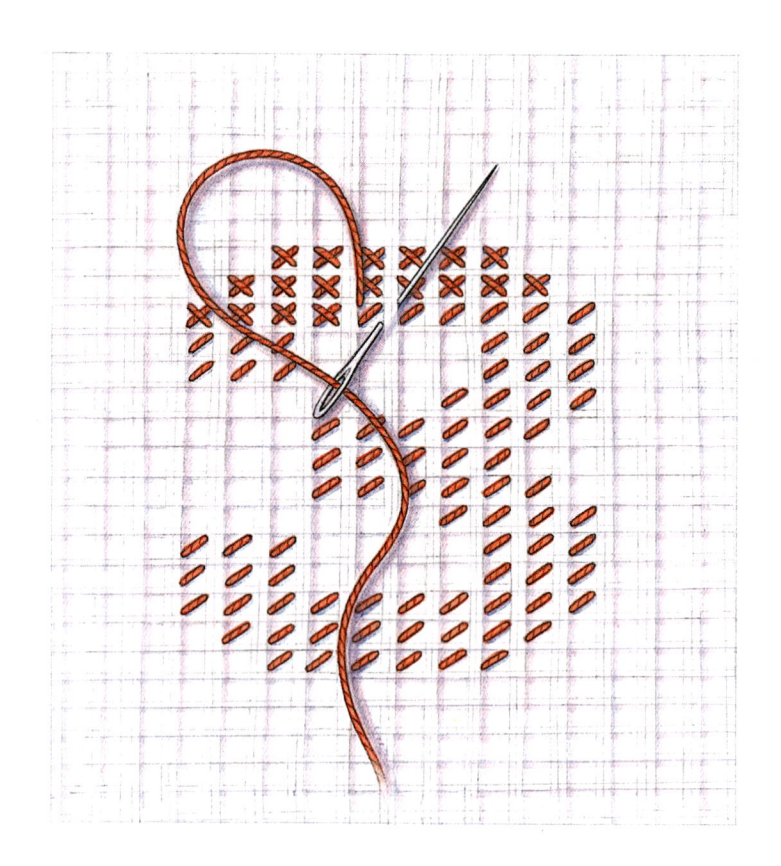

AYAKO'S NOTE 10
手はきれいですか？
白布や白糸を使うときは手を洗いましょう。
油断をすると汚れたものが…！刺繍は優雅に上品に、清潔に。

007. 066-067

WAFFLE TOWEL
ワッフルタオル

	ワッフル地のタオル 好みのもの
	[Anchor] 25番糸 ● No46
	[Clover] クロスステッチ針 No22

1 ワッフル地の布目（凹）を一目に数えながらクロスst（4本どり）。

針を正確に、布目の凹の角から角に出し入れするときれいな刺しあがりに。

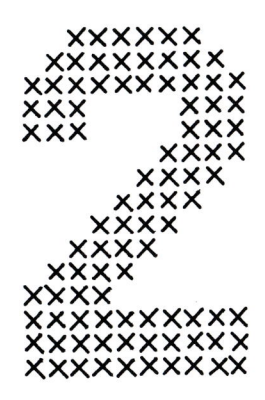

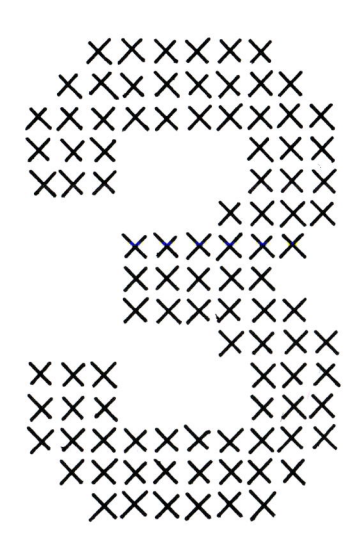

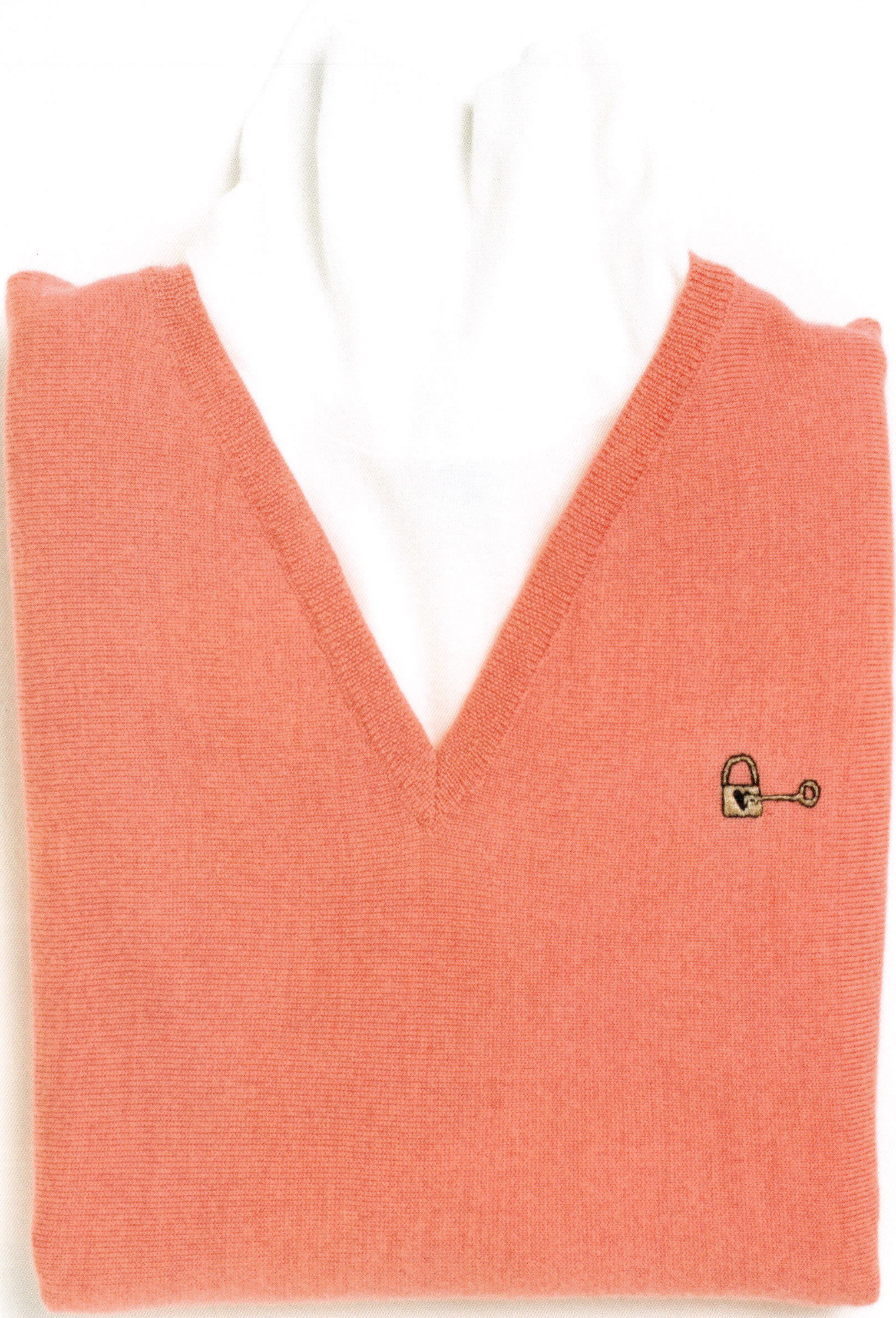

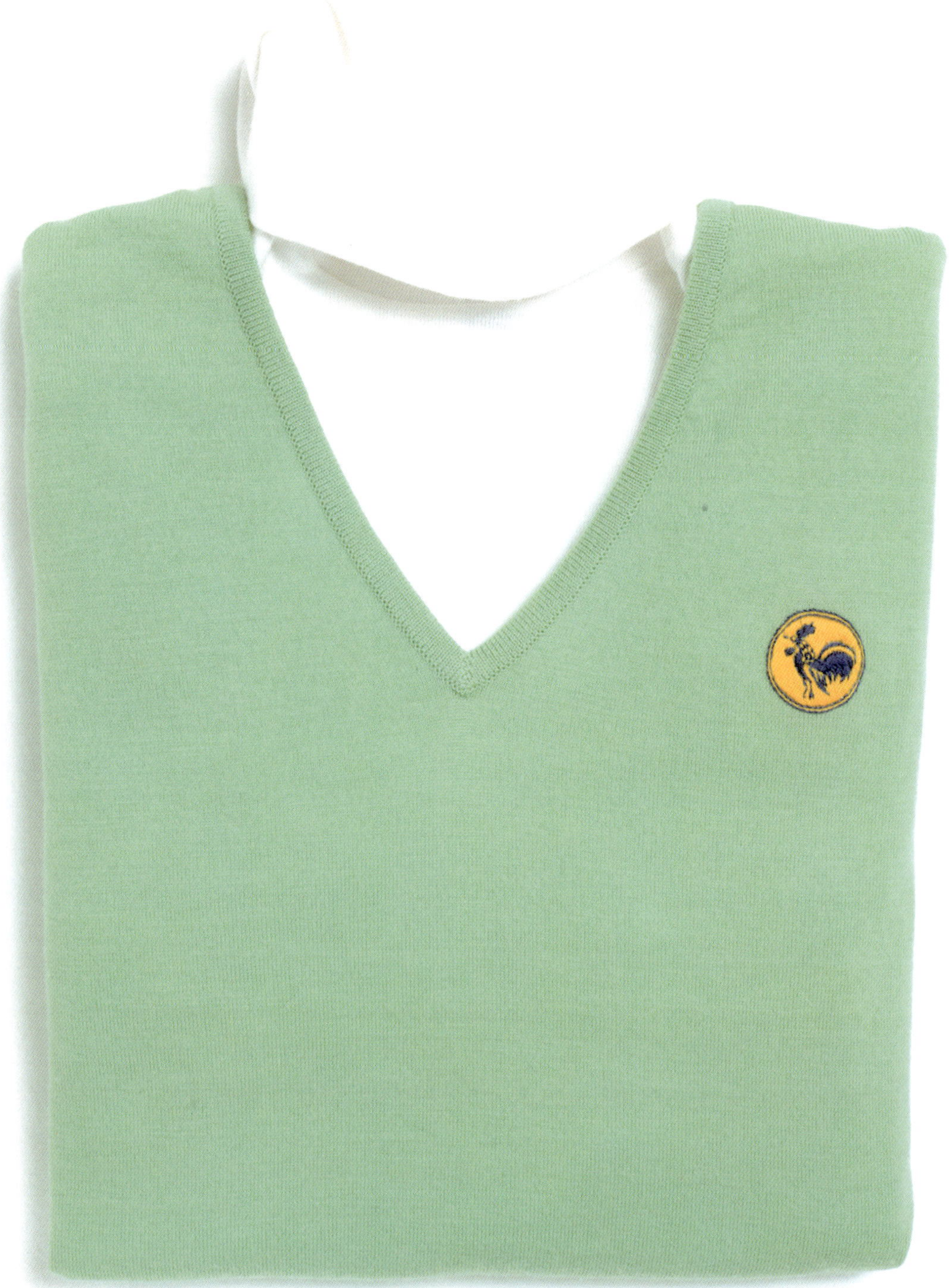

抜きキャンバスで
CROSS STITCH
クロス・ステッチ（3）　★★

1　図案よりひと回り大きな
抜きキャンバスを用意。
しつけ糸でしっかり布に縫いつける。
2　右から左に糸を十字に交差させて
クロス・ステッチ
（またはハーフ・クロス・ステッチ
＝下糸だけ渡す）。
3　抜きキャンバスの織り糸を
ステッチを押さえながら引き抜く。

キャンバスの布目を数えながら
規則的に十字をつくっていきます。
針の出し入れは、布とキャンバス目が
ずれないように垂直に出し、垂直に落とし、
糸はきつめにひきましょう。
織り糸は、縦糸か横糸の
どちらかをすべて先に抜き、
縦横バラバラに抜かないように。

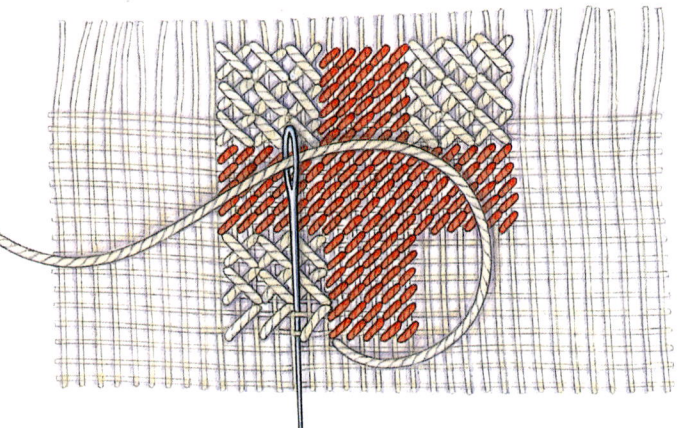

面を埋める
SATIN STITCH
サテン・ステッチ（2）　★

1　図案の輪郭の上から針を出し、
下に針を入れることを繰り返し、
図のように図案を埋める。

糸は平行に並ぶように、
またつれないように
そろえていきましょう。
小さな図案を埋めるのに
最適なステッチ
（大きな図案は
ロング＆ショートstで→P042）。

AYAKO'S NOTE 11
魔法の布
抜きキャンバスを使えば、どんなグッズにも規則正しくクロスstを刺すことができる。
たとえばセーター、たとえばウールのスカートにもOK。
しっかりと織られたキャンバスの布目をガイドにステッチをしたら、
あとは織り糸を抜くだけ。とても楽チン（抜きキャンバスは大手手芸店で購入可）。

012
PINK TURTLENECK
タートルネック

長袖のカットソー	好みのもの
[Anchor] 25番糸	○ No1　● No13
[Clover] クロスステッチ針	No23

1 抜きキャンバスを袖に縫いつける。
2 十字の図案は布目一目のハーフ・クロスst（2本どり）。
3 十字のまわりは布目二目のクロスst（2本どり）。
4 抜きキャンバスの織り糸を引き抜く。

袖の内側にもピーシングペーパーを
裏貼りしておくとよい。（→P021）

070
PINK SWEATER
セーター（1）

セーター	好みのもの
[Anchor] アンカー25番糸	● No403
[Anchor] リフレクタ	● No300（金）
[Clover] フランス刺繍針	No9

1 ピーシングペーパーに図案を写し、
セーターにアイロンでかるく貼り付ける。（→P111）
2 ピーシングペーパーの上から
錠前をアウトラインst（1本どり）で縁取る。
3 内側はサテンst（1本どり）で埋める。
このときハートから先に埋める。

セーターの内側にもピーシングペーパーを
裏貼りしておくとよい。（→P021）

071
GREEN SWEATER
セーター（2）

セーター	好みのもの
[Anchor] 25番糸	● No178　● No297
[Clover] フランス刺繍針	No8　No9

1 ピーシングペーパーに図案を写し、
セーターにアイロンでかるく貼り付ける。（→P111）
2 ピーシングペーパーの上から円の内側を
粗いアウトラインst（2本どり）で埋める。
このときオンドリは刺し残す。
3 オンドリをアウトラインst（1本どり）で密に埋める。
4 最後に円の輪郭をアウトラインst（1本どり）で縁取る。

セーターの内側にもピーシングペーパーを
裏貼しておくとよい。（→P021）
刺し終わりのオンドリは、ステッチとステッチのあいだを
1本どりの糸で割って刺すと密に埋まる。（→P042）

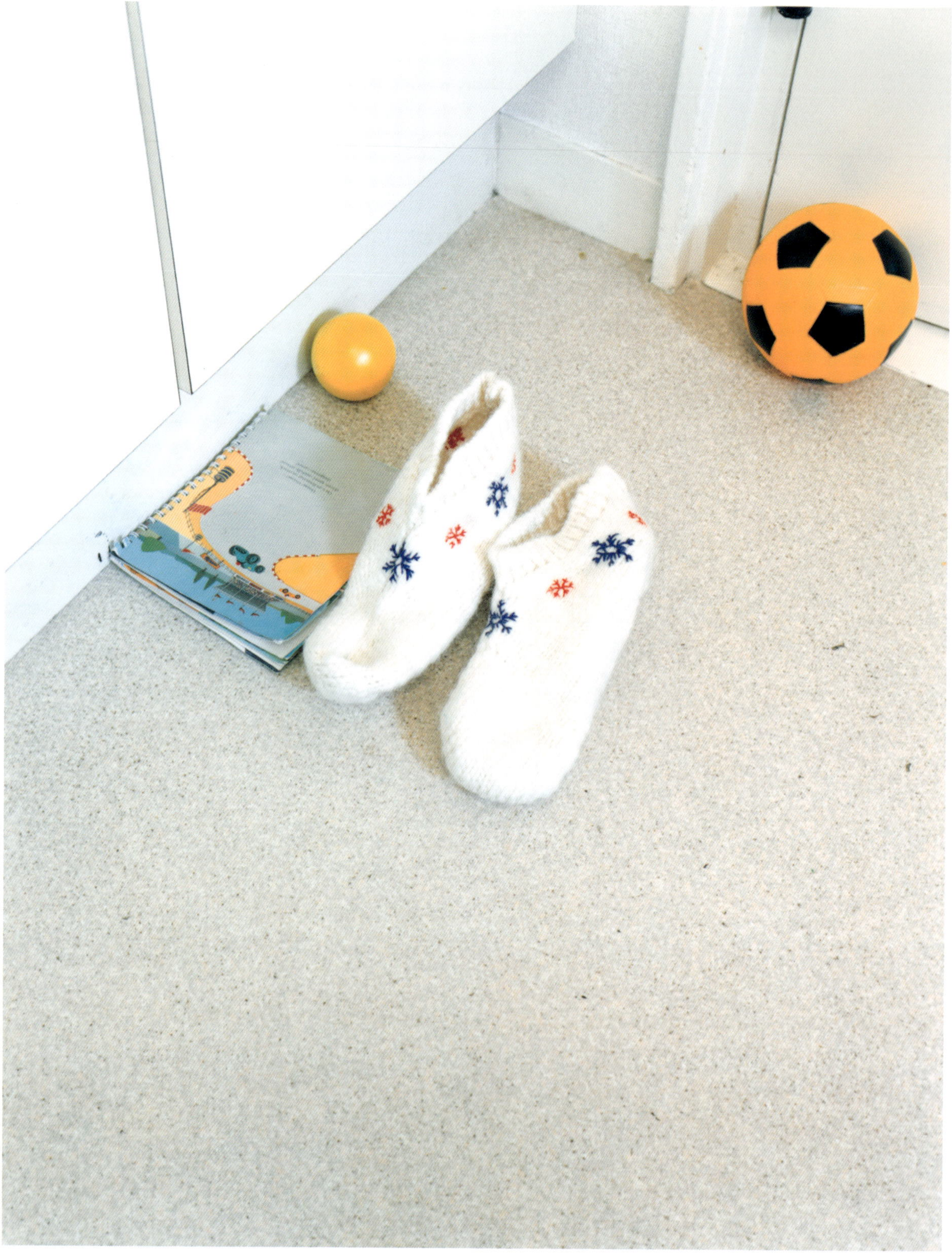

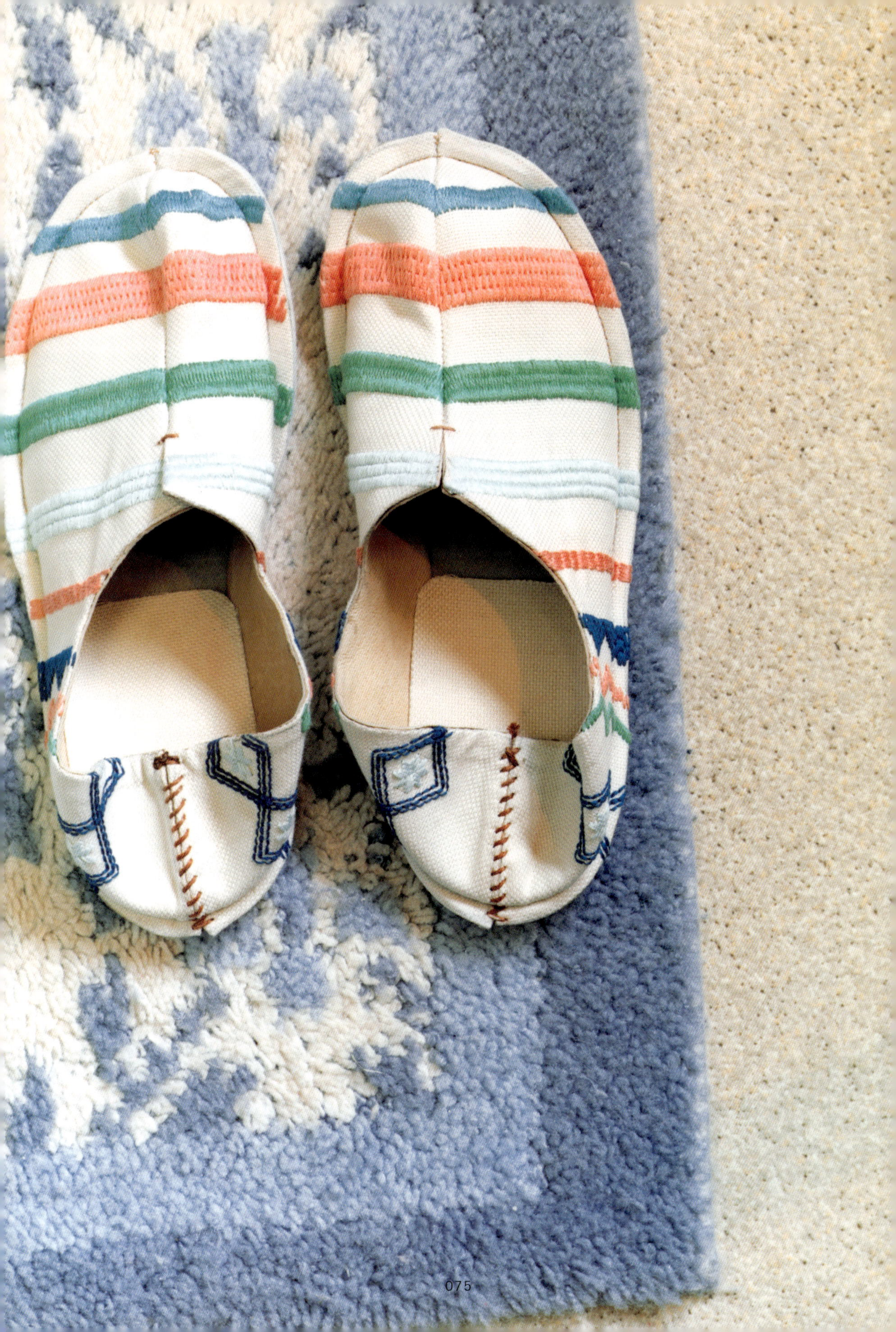

シンプル
STRAIGHT STITCH
ストレート・ステッチ ★

1 針を布の表に出し、
ひと針刺して針を布の裏に送る。

ひと針ひと針刺し、
まっすぐに糸を渡すだけの
単純なステッチ。
糸は太いほうがラフな味が出ます。

幅広の装飾線
RUMANIAN STITCH
ルーマニアン・ステッチ ★★

1 左から右に真横に糸を渡し、
中心で止めるように糸を交差させる。
2 間隔をあけずに下方向に進む。

止めるときは、
針足を短く斜めに止める。
布目を数えながら
規則的に刺していくと、
針足の長さがびしっと決まった
スタイリッシュなステッチになります。

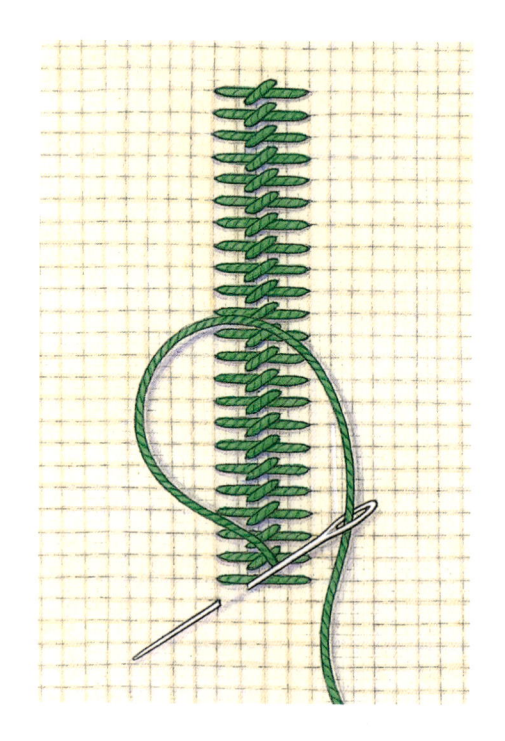

AYAKO'S NOTE 12
キャンバス地を買いに行こう
キャンバス地にはいろいろな種類があります。ジャバクロス、オックスフォード、コングレスなどなど。極太の綿糸・麻糸で織られたり、小さなマス目だったり、大きなマス目だったりしますが、どれも縦糸と横糸が規則的に織られた平織りの布。初めての人には布地が厚すぎず薄すぎない、また布目が大きすぎず小さすぎないオックスフォードが上々。

074
ROOM SHOES
ルームシューズ（1）

✂	毛糸のルームシューズ 好みのもの
🧵	[Anchor] 25番糸 ● No46　● No134
🪡	[Clover] フランス刺繍針 No3

1 ピーシングペーパーに図案を写し、
ルームシューズにアイロンでかるく貼り付ける。（→P111）
2 ピーシングペーパーの上から
雪結晶をストレートst
（小＝4本どり・大＝6本どり）。
3 大きな雪結晶は、刺し終わりの
ステッチの足に糸をくぐらせて円をつくる。

075
ROOM SHOES
ルームシューズ（2）

✂	キャンバスのルームシューズ 好みのもの
🧵	[Anchor] 25番糸 ● No9　● No158　● No168 ● No170　● No209
🪡	[Clover] クロスステッチ針 No20

1 ルームシューズの布目を数えながら
ルーマニアンst（4本どり）。

ロング＆ショートstやサテンstを
布目を数えながら刺してもよい。
靴の左右の模様が
対象になるように。

点線を表す
RUNNING STITCH
ランニング・ステッチ ★

1 左にひと針刺し、
同じ幅だけ布をすくい、またひと針。
2 1を繰り返す。

表目と裏目のステッチの長さは
同じになるようにしましょう。
糸はひきすぎないようにしましょう。

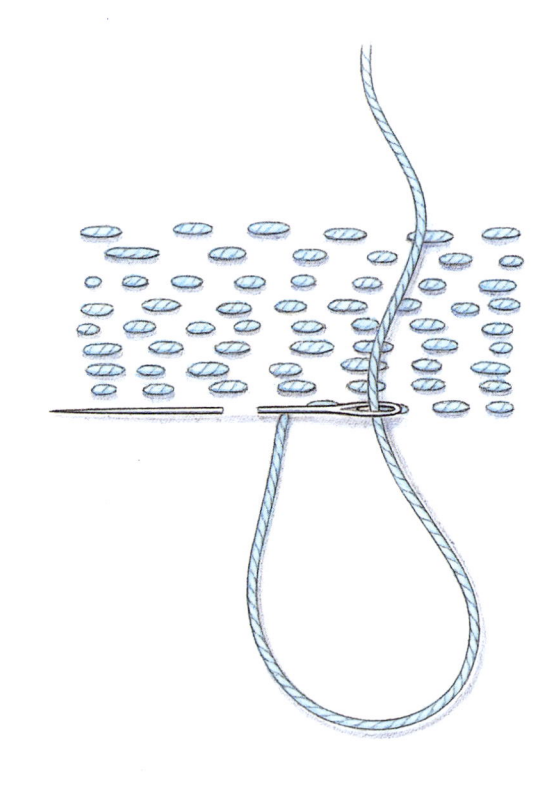

079
DENIM PANTS
デニムパンツ

	デニムパンツ 好みのもの
	[Anchor] 25番糸 No134　No391　No848
	[Clover] フランス刺繍針 No5

1 ピーシングペーパーに図案を描き、
パンツにアイロンでかるく貼り付ける。(→P111)
2 ピーシングペーパーの上から
図案にそってランニングst(4本どり)。

図案にあわせてくずして刺すとよい。

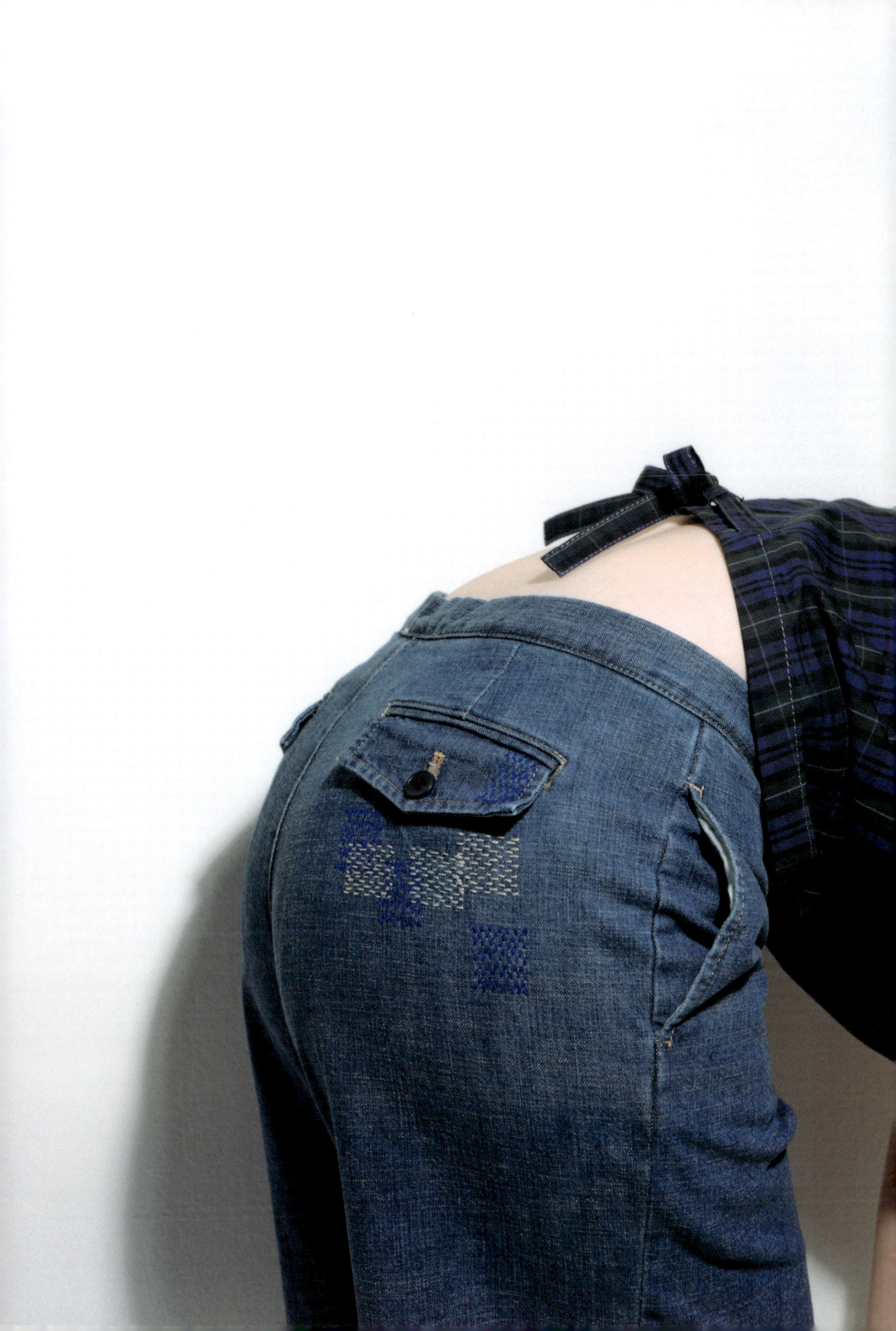

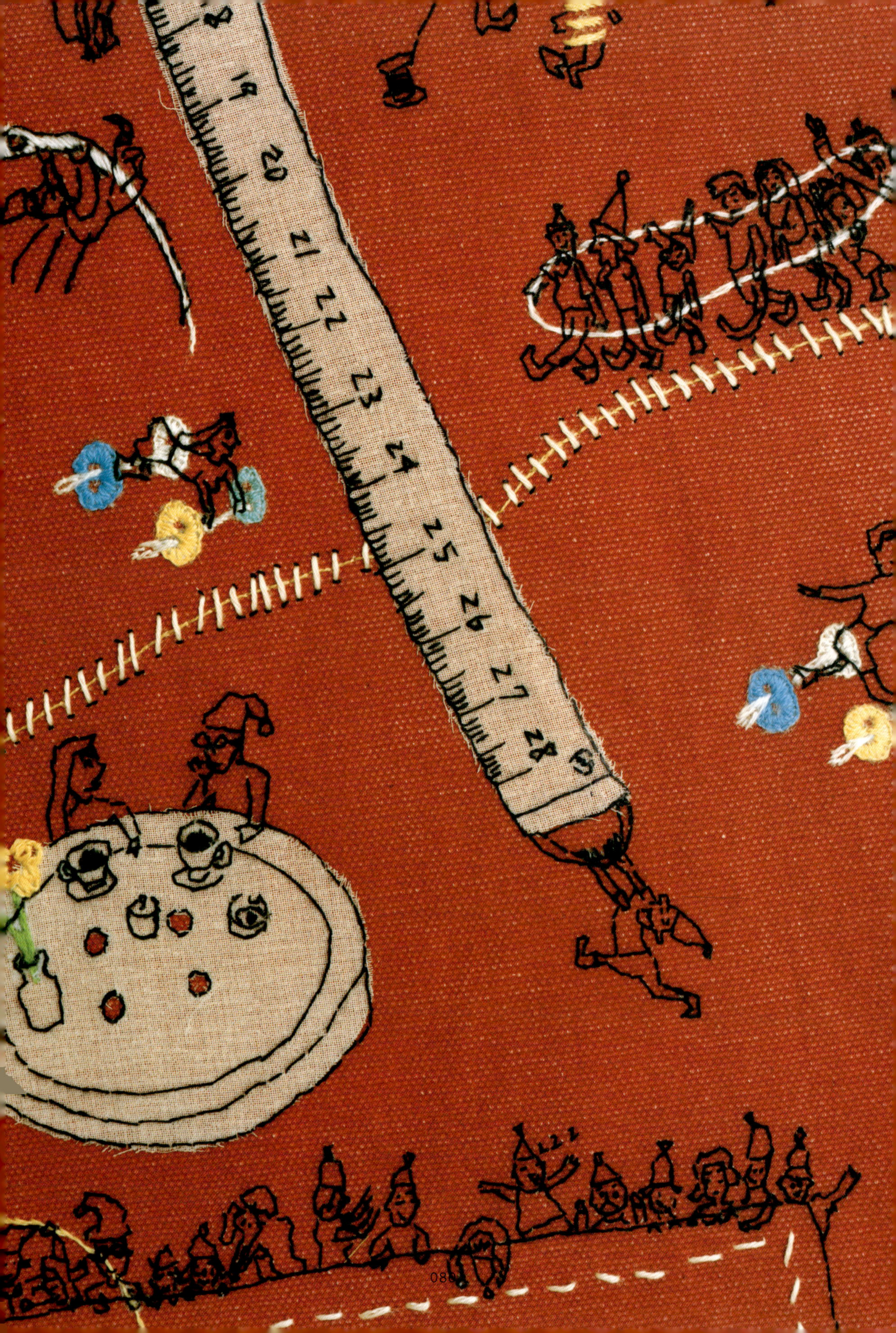
19 20 21 22 23 24 25 26 27 28

081
200

004. 080-081

BAG
バッグ（2）

	赤いバッグ 好みのもの
	布 （生成・黒・赤のオーガンジー）
	[Anchor] 25番糸 　No13　　No226　　No275 　No305　　No403　　No433
	[Anchor] コットンアブローダー 　No16　白
	絹糸（細）
	[Clover] フランス刺繍針 　No8　No9

1　チャコピーで図案を写す。（→P111）
2　布と両面接着シートを図案に合わせてカット。
布の片面に接着シートをアイロンで貼り、
バッグにもアイロンで貼り付け、
図案のまわりを絹糸で縫い止めておく。
3　小人の図案はバックst（1本どり）。
4　メジャーの図案はボタンホールst（1本どり）。
5　ボタンの図案はランニングst（1本どり）。

目の細かいバックstを中心に、
曲線やデテールを描き、
イラストの表情を出しましょう。

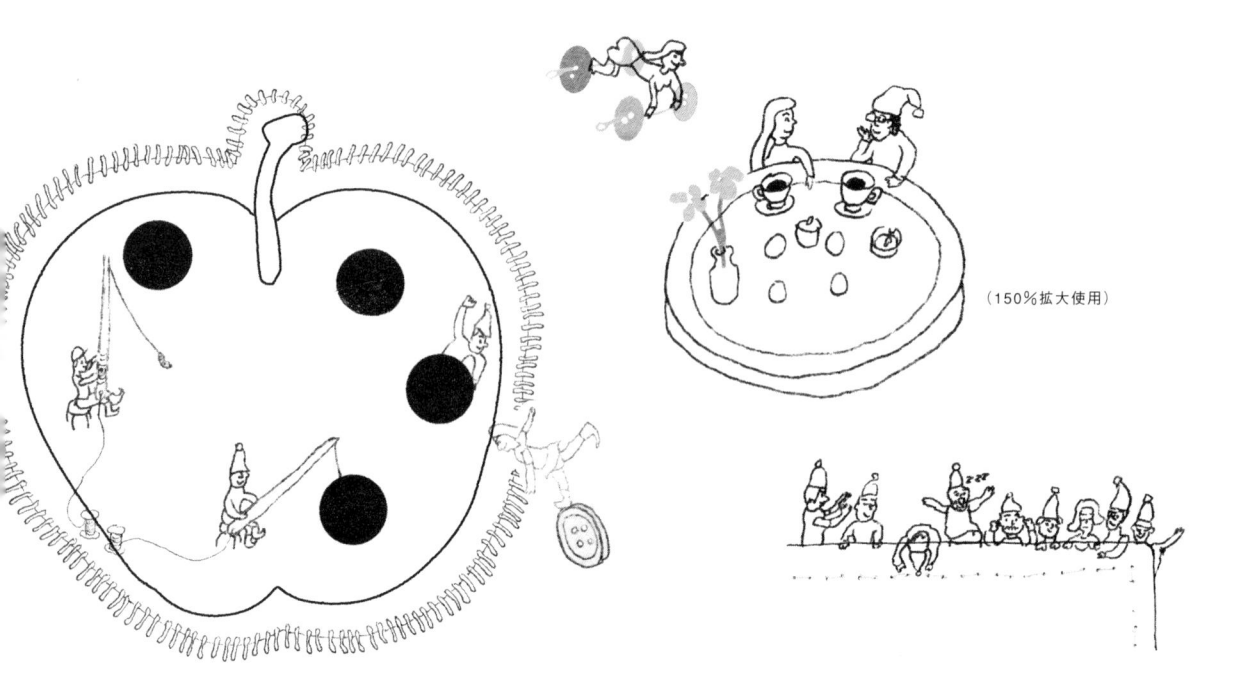

（150％拡大使用）

ILLUSTRATIONS BY KEN-ICHI WATANABE

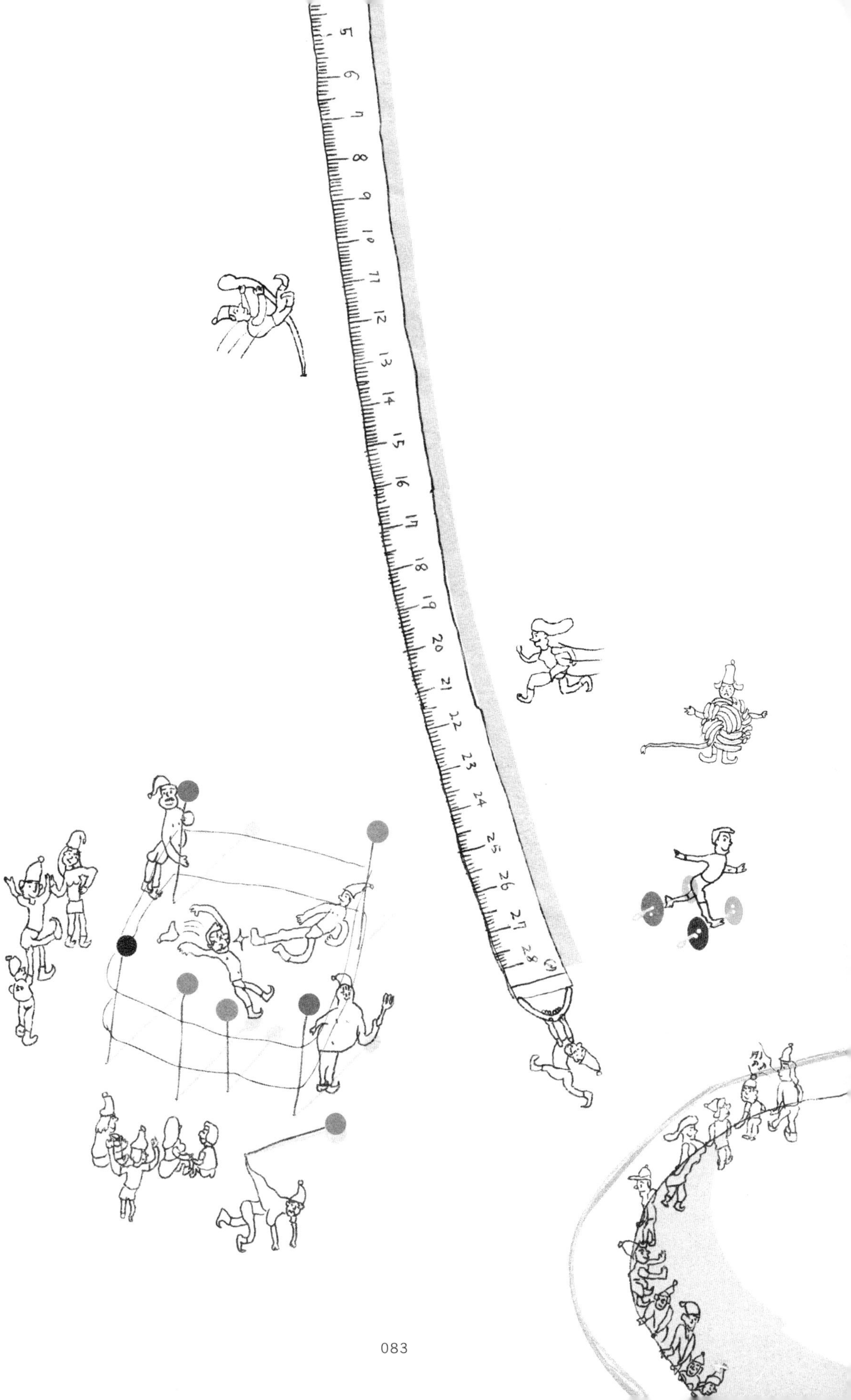
5 6 7 8 9 10 11 12 13 14 15 16 17 18 19 20 21 22 23 24 25 26 27 28

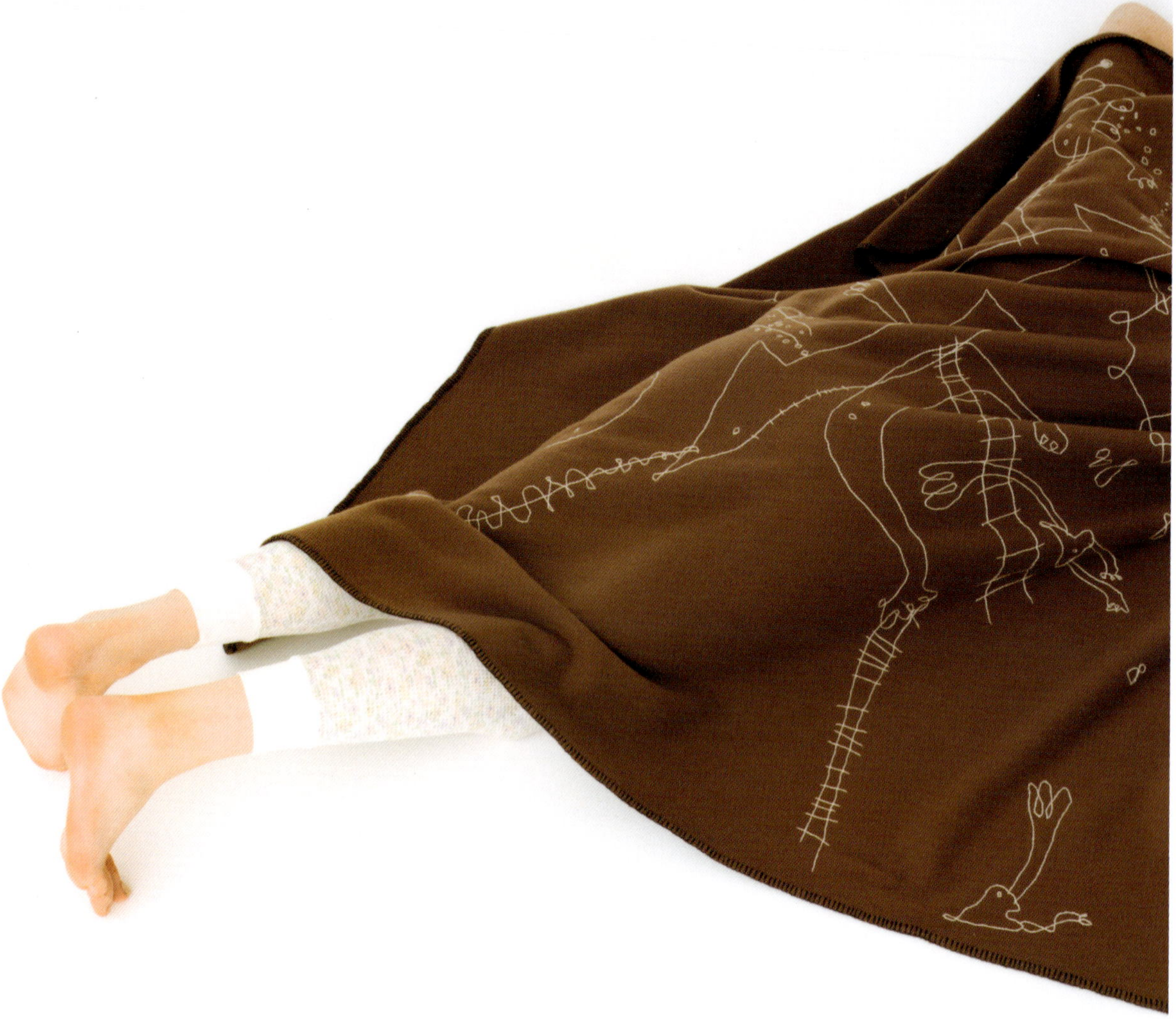

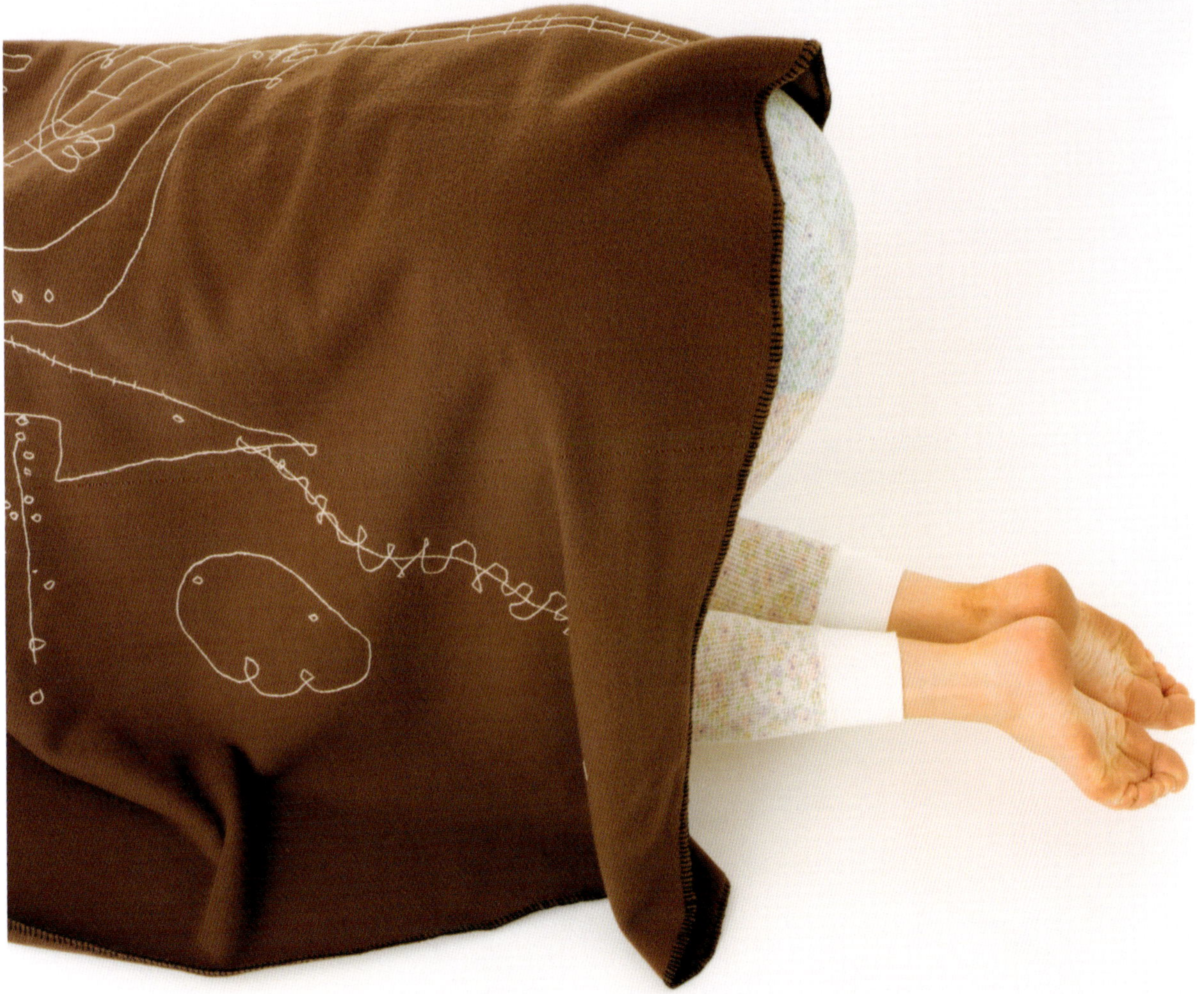

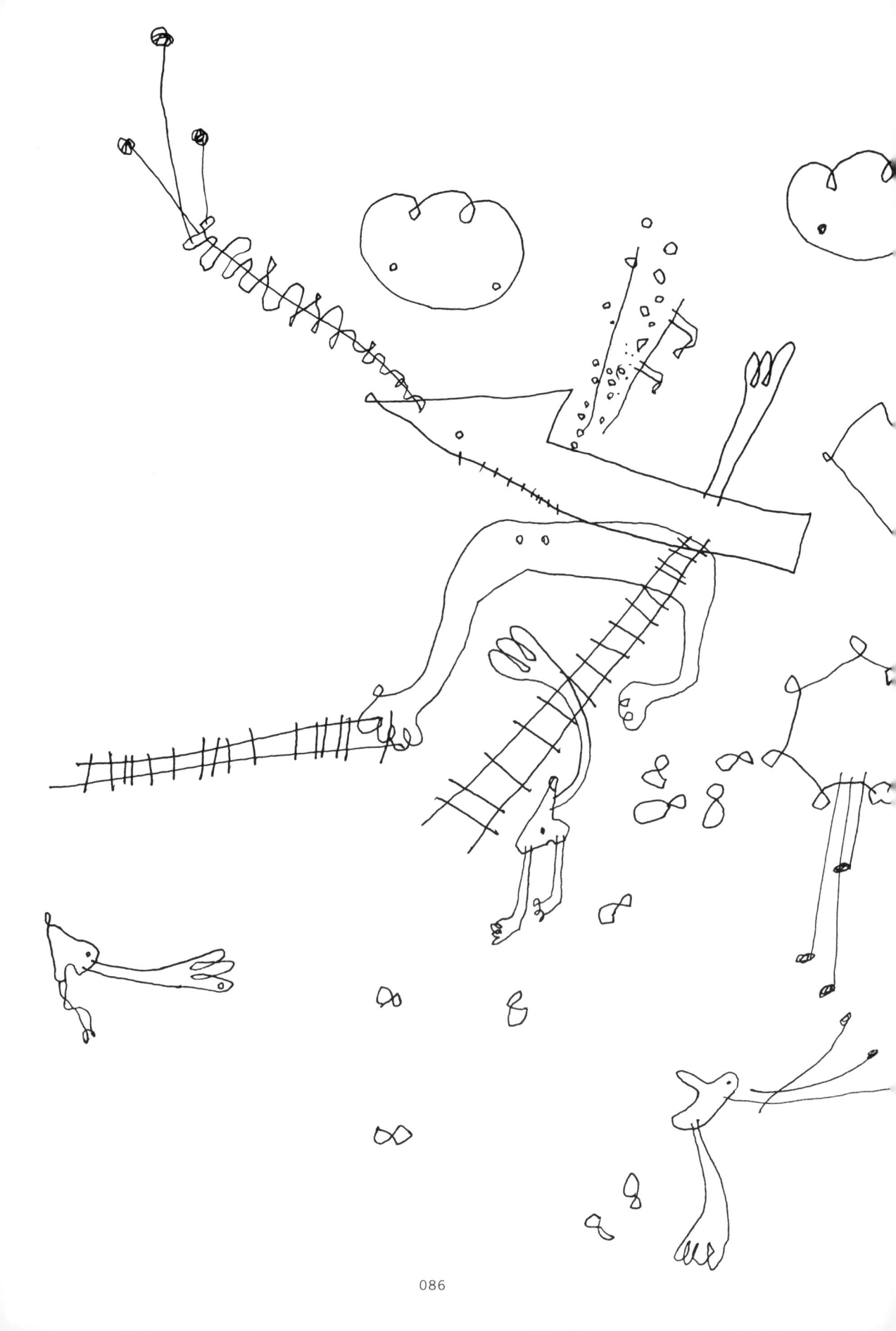

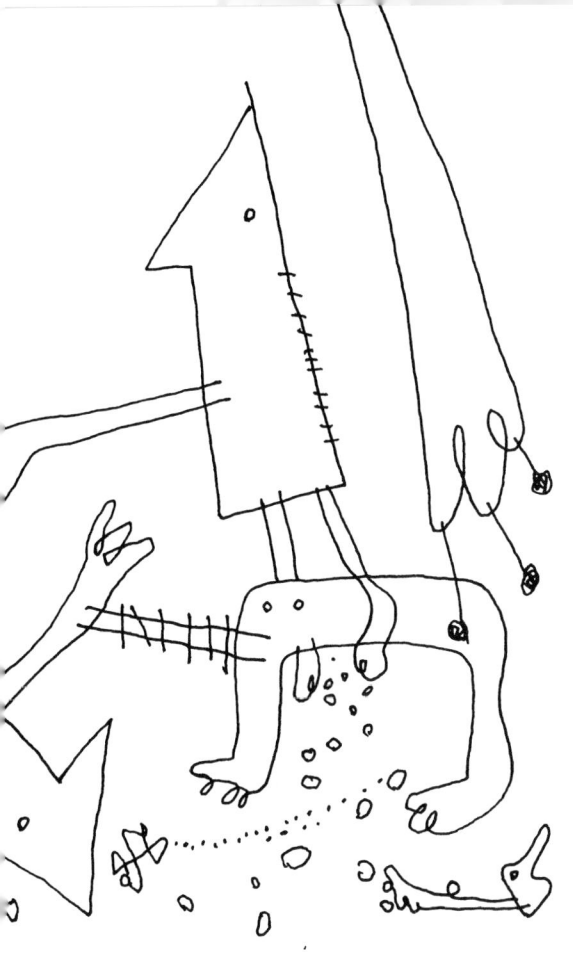

（550％拡大使用）

084-085
BLANKET
ブランケット

大きなブランケット
好みのもの

[Anchor] パールコットン8番糸
● No388

[Clover] フランス刺繍針
No6

1 ピーシングペーパーに図案を写し、
ブランケットにアイロンでかるく貼り付ける。(→P111)
2 ピーシングペーパーの上から
図案にそってアウトラインst（1本どり）。

図案のまわりのピーシングペーパーは、
はがれないように上からしつけ縫いしておくと
刺しやすい。

AYAKO'S NOTE 13
ふっくら感はアイロン次第
刺し終わったらアイロンを（汚れているときは洗濯も→P095）。
アイロンは布（麻や綿）が半乾きのときに、布の裏面から強くかけます。
これがステッチをつぶさず、かえってふっくらさせるコツ。布をピンとはり、
霧吹きをかけておいてもよいですが、フリースなどにアイロンはしないように。

ILLUSTRATION BY TATSUYA ARIYAMA

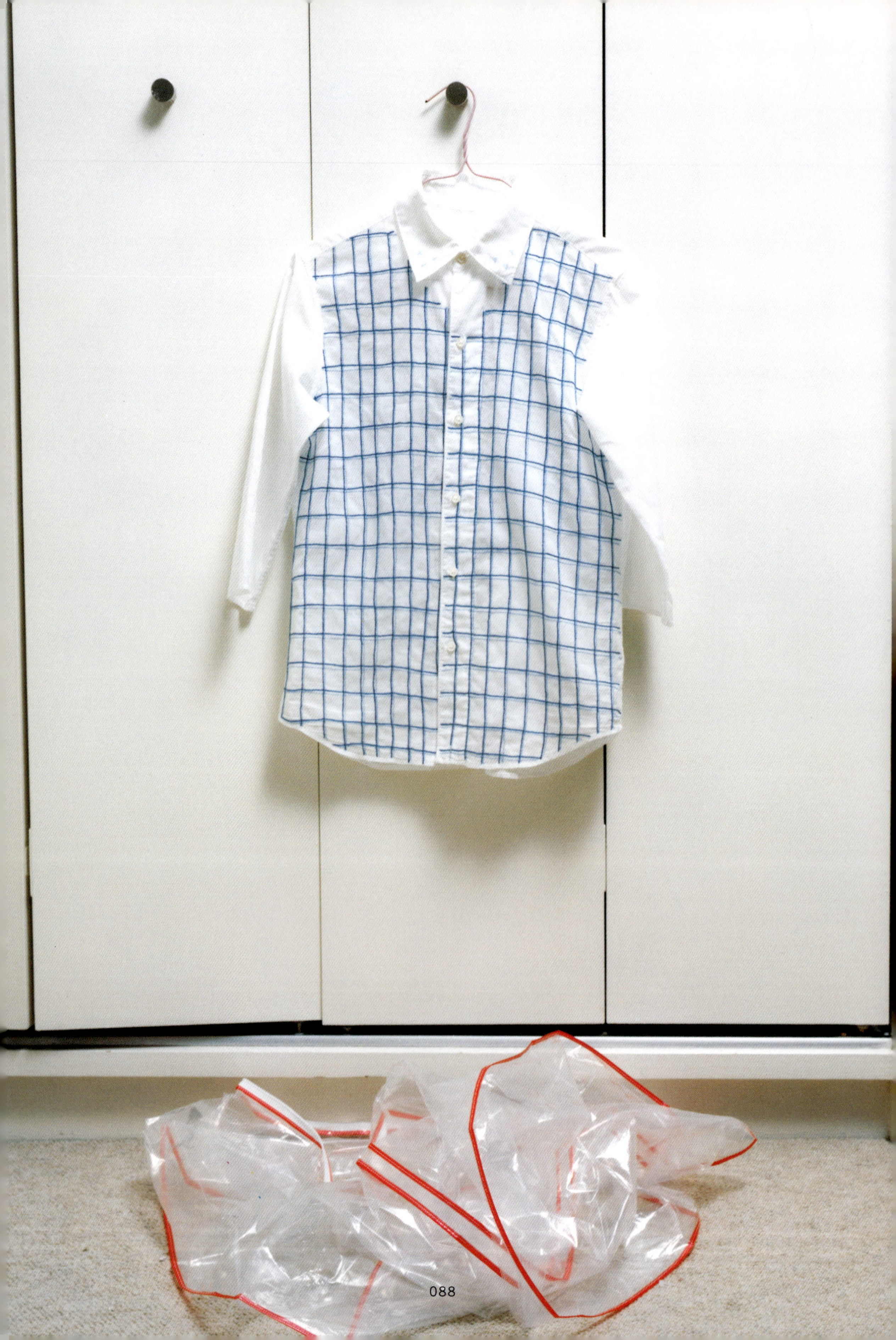

089

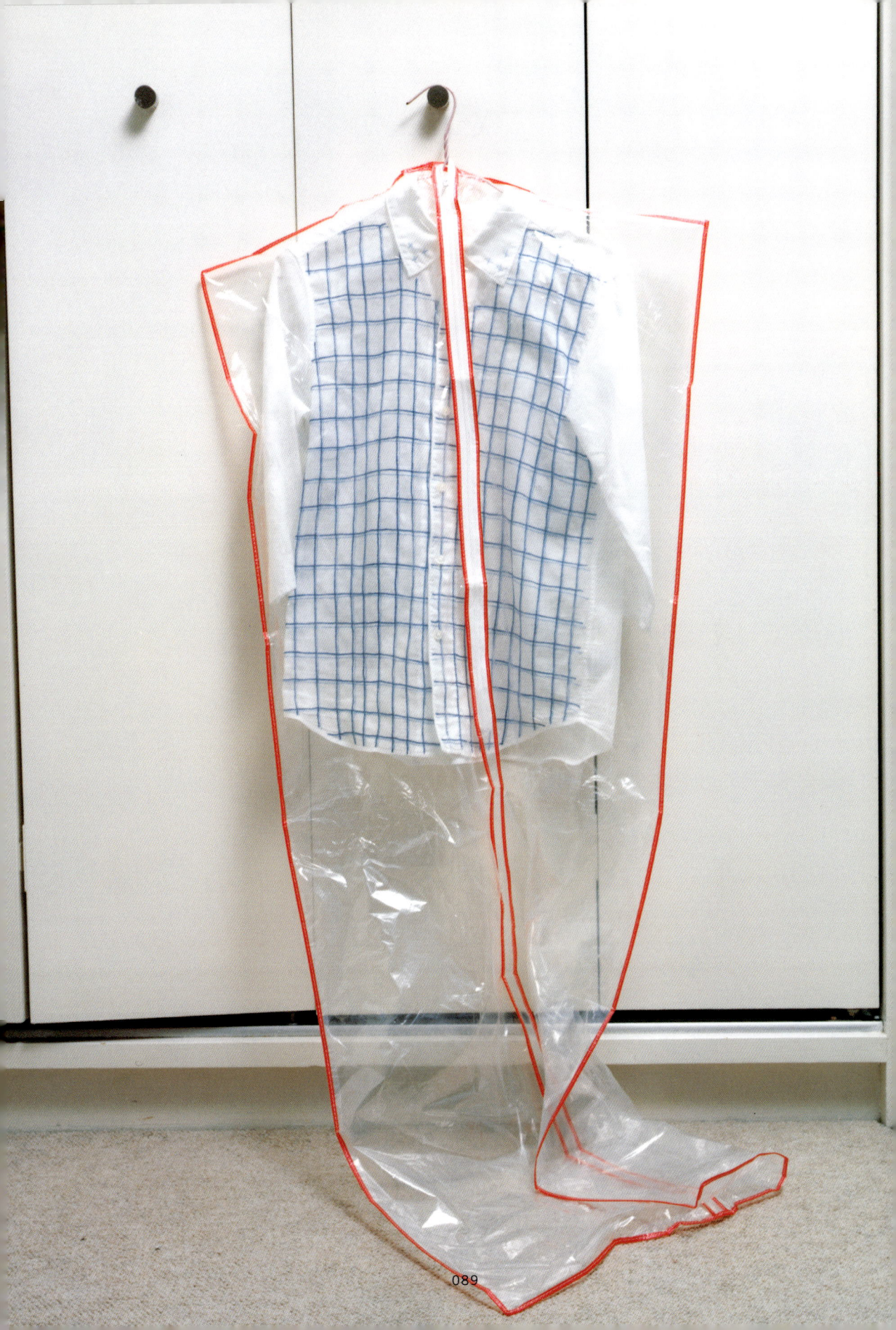

輪郭線を表す
OUTLINE STITCH
アウトライン・ステッチ　★

1　左から右にひと針刺し、
左に戻って図のように布をすくい、
右にひと針刺し進む。
2　同様にしながら右に進む。

ステッチの長さの半分ずつ戻ることを基本に、
針足を少しずつ重ねたラインをつくっていきます。
針をもとの針目に戻していくと、
ステッチの重なりが目立たないラインになり、
このとき裏目はバック・ステッチ（→P038）に。
アウトラインを何本も刺し並べることで、
広い面積を埋めることもできます。

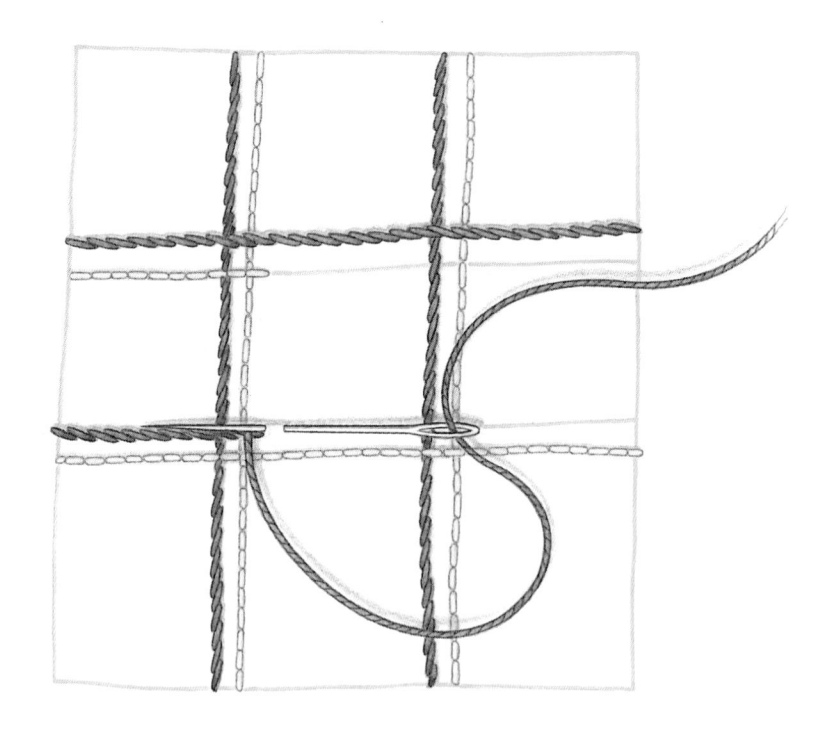

AYAKO'S NOTE 14
究極の糸つぎ法（ただし、糸が偶数どりのときのみ有効）
糸のつぎ足し部分がごろごろしてしまうのが嫌。
そんなときには糸の輪を利用しましょう。
まず刺し終わりの糸は布の裏側のステッチにくぐらせて始末。
つぎに糸を長めに用意。ふたつに折り、折り目が輪になるよう針に通します。
この糸を布の裏側のステッチにくぐらせ、ついでに糸端の輪にもくぐらせましょう。
キュッとひっぱりあげれば、糸つぎは完了。布が透けるときなんかに効果的です。

088-089

COTTON
SHIRT
コットンシャツ

コットンのシャツ
好みのもの

[Anchor] 25番糸
No160　No162

[Clover] フランス刺繍針
No8

1　紙に図案のような2本線を描く。
2　シャツの内側に図案を置き、
　　シャツの上からチャコペンでなぞる。
3　シャツの表からアウトラインst（2本どり）。
　　もう1本の線はシャツの裏からアウトラインst（2本どり）。
4　衿にクロスst（2本どり）。

シャツの裏からもとの針目に戻るアウトラインstをすれば、
シャツの表はきれいなバックstに。

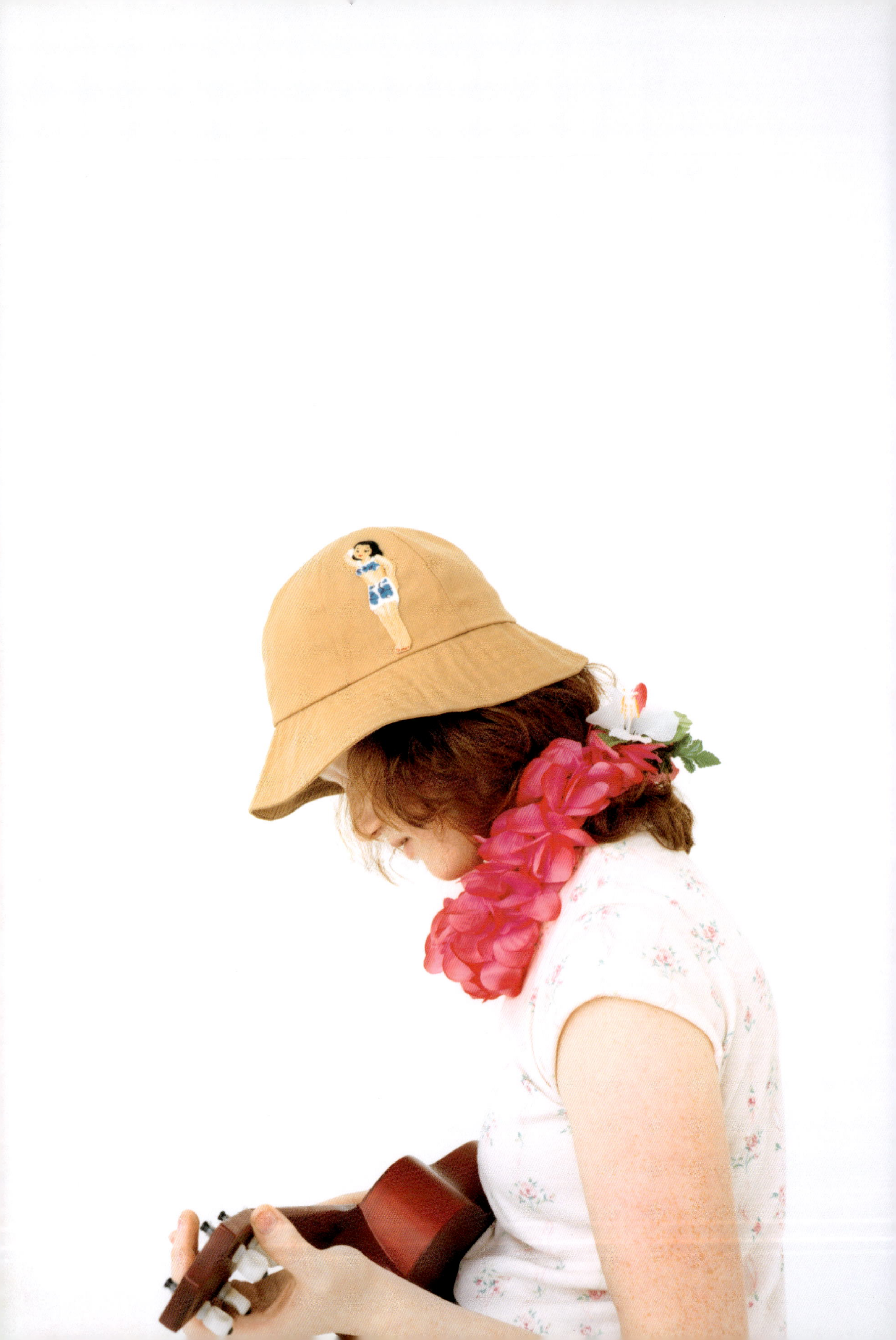

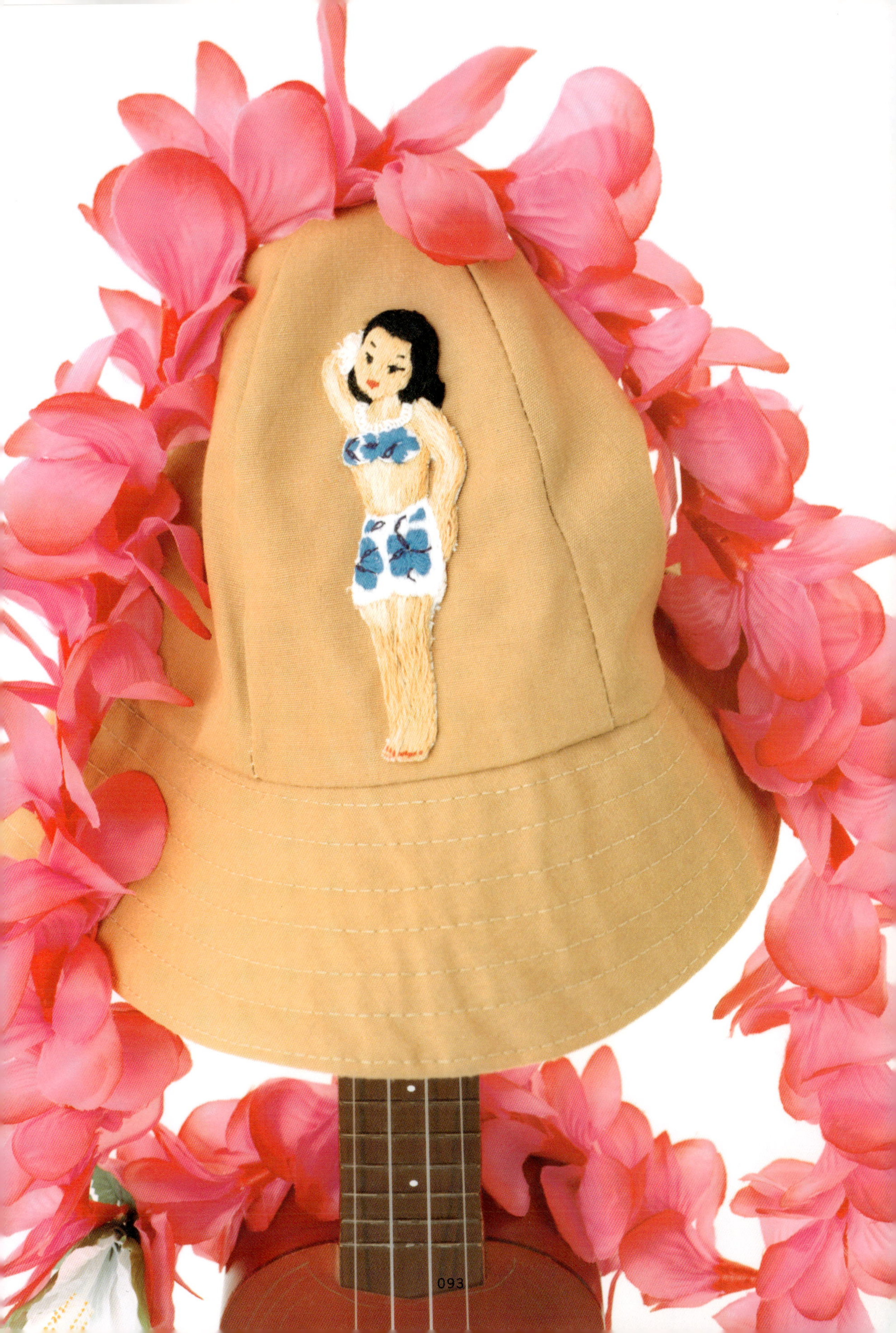

092-093

HAT
帽子

帽子
好みのもの

余り布

[Anchor] 25番糸
○ No1 ● No134 ○ No276
○ No367 ○ No368 ● No403

[Clover] フランス刺繍針
No8

1 ピーシングペーパーに図案を写し、
布にアイロンでかるく貼り付ける。(→P111)
2 ピーシングペーパーの上から人形を
アウトラインst(1〜2本どり)で埋める。
3 布の裏側に両面接着シートをアイロンで貼り、
人形の形にそってカット、帽子にも貼り付ける。

人形のワッペンがとれないように
帽子との境目をかがっておくよい。

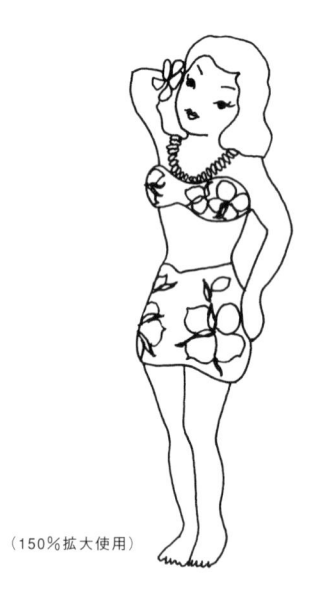

(150%拡大使用)

AYAKO'S NOTE 15
ステッチの使い分け
サテンstは面を埋めるステッチの代表。でもほかのステッチも使い方次第。
アウトラインstやランニングstを縦横に何本も並べればOK。
几帳面に刺す必要もなく、かえってラフな表情が出てそれがまたすてき。
うんと細い糸で刺せば、細かな表情もバッチリよ。

AYAKO'S NOTE 16
輪郭線の効用
サテンstやアウトラインstで面を埋めたとき、なんだか図案がしゃんとしない、
というときには黒糸を使って輪郭をぐるりとアウトラインstで囲んでしまう。
これが図案をくっきり浮かびあがらせるテクニック。

鎖状の
CHAIN STITCH
チェーン・ステッチ ★

1 針を出し、針目の際に針を入れ、
図案の進行方向に向かって布をすくう。
このとき図のように針先の下に
糸をかけながら、針を抜く。
2 同様に繰り返し
チェーン（鎖）をつなげていく。

布は図案のラインにそってすくいましょう。
糸は強く引かないように、
チェーンのカタチが崩れてしまいます。

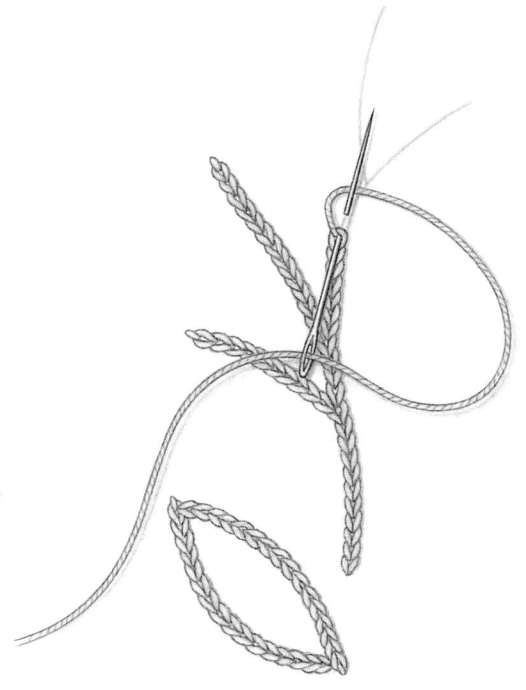

096-097
BED LINEN
ベッドリネン

	シーツ
	好みのもの
	[Anchor] 25番糸
	● No145
	[Clover] フランス刺繍針
	No7　No8

1 チャコピーで図案を写す。（→P111）
2 図案にそってチェーンst（3本どり）。

布を浅くすくって、目の詰まったチェーンにするときれい。

（300%拡大使用）

AYAKO'S NOTE 17
刺し終わりに洗濯を
半日から一日、水（only）につけておく。このときもみ洗いでなく、
押し洗いにしましょう。チャコペン、チャコピーのあとも自然と落ちますよ。
ただし、布は絞らないで日陰に干すこと。絞ったときに糸がよれたり、
布にしわがよってしまったら大変です。

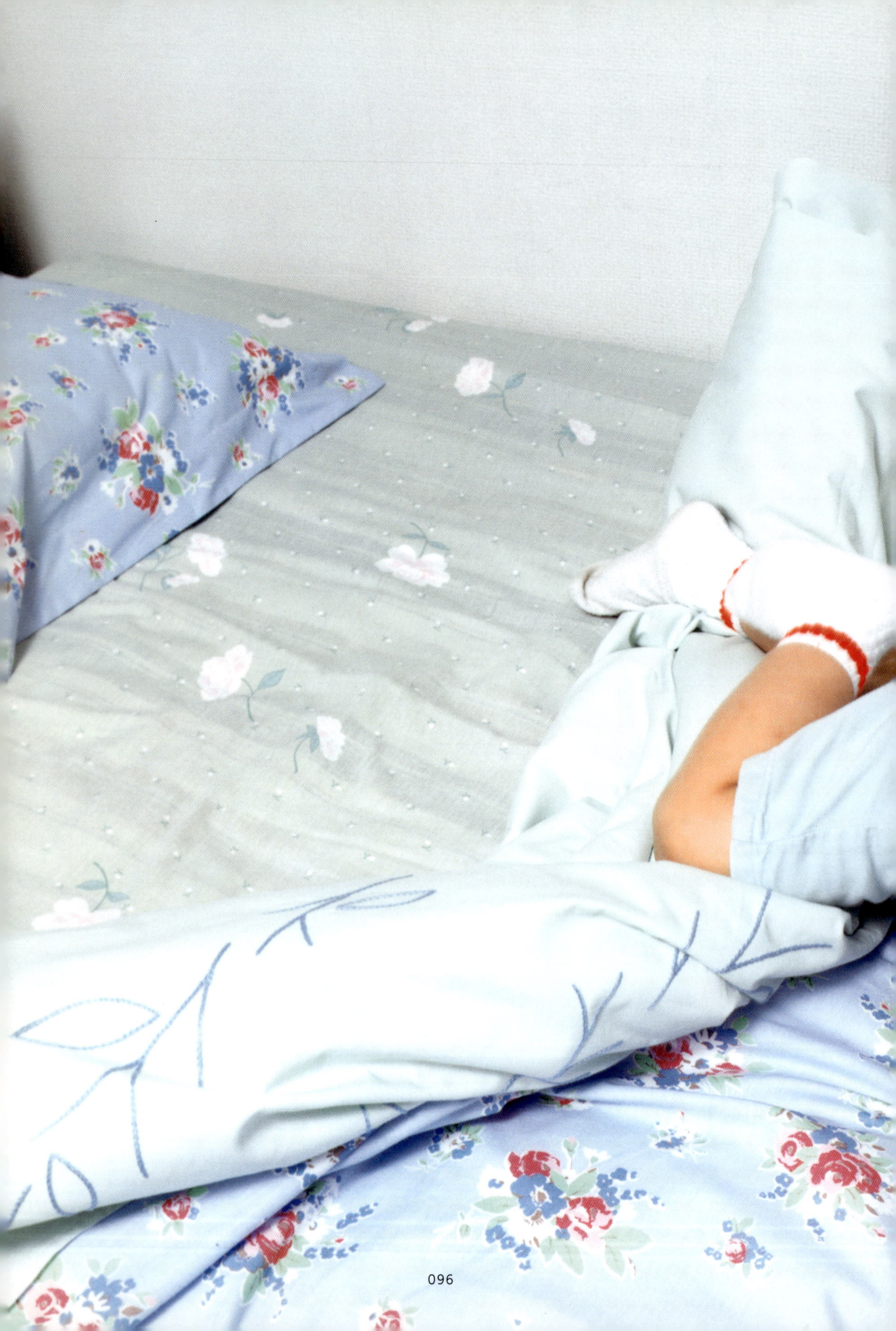

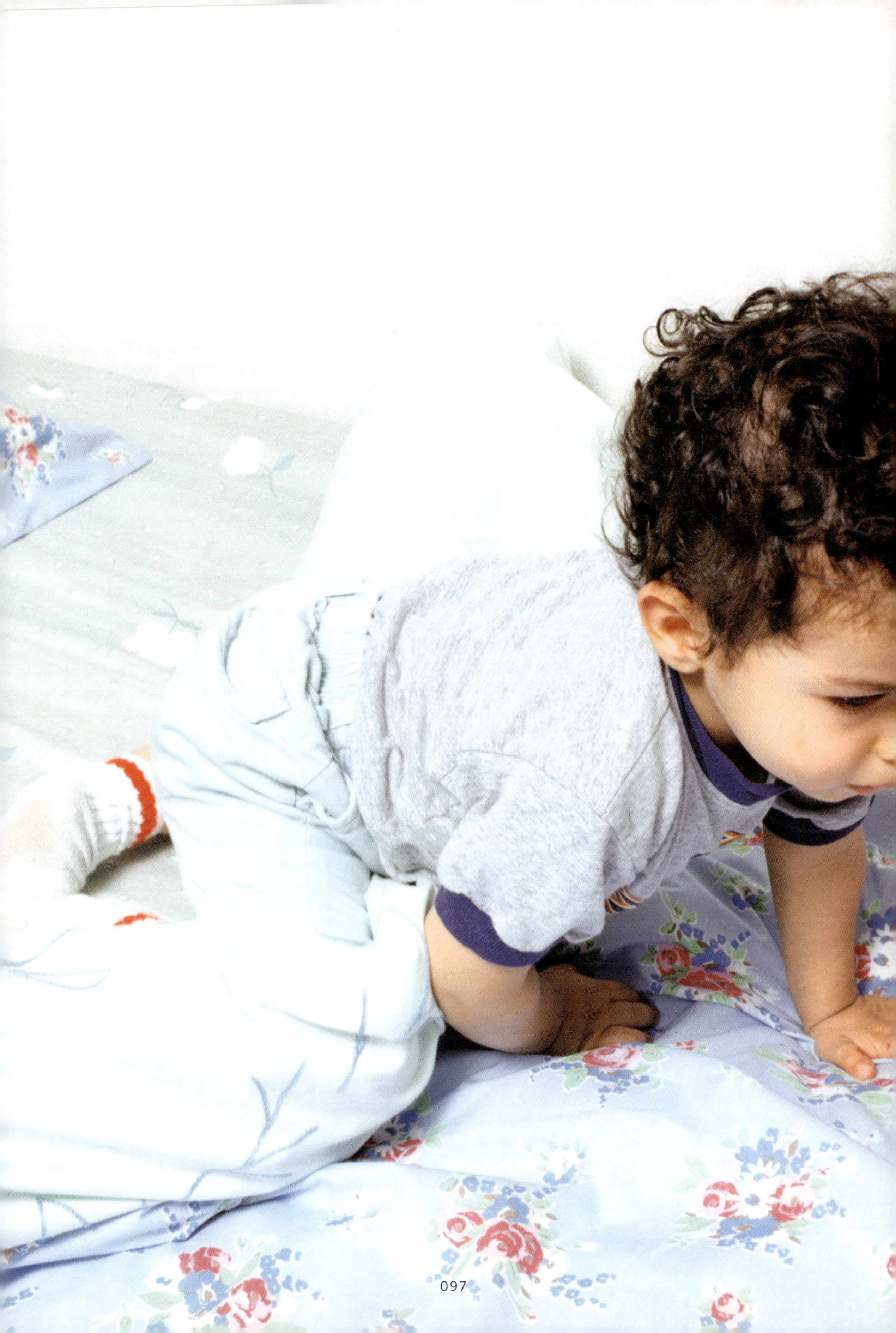

NEEDLE
& THREAD
針と糸

針を選ぶ

針を選ぶときは適材適所。
太い針は針穴が大きく、どんな糸も通しやすいけれど、
太い針に細い糸を通して使うとステッチが粗くなりがち。
逆に細い針に無理矢理太い糸を通してしまうと、刺すごとに糸がすり切れ、
つやのない仕上がりに。
決して1本の針が万能というわけではありません。
糸の太さに合った針を選び、それから布の風合いにあわせて、
厚地の布のときは気持ち太めの針（と糸）を選び、刺しやすくしていくことが大切。
針は用途にあわせて工夫されています。
糸も布も傷ませないように針を選んでいきましょう。

針の種類

［サイズ］
針のサイズはJIS規格による「番手」で表されており、
番号が大きくなるほど針は細くなる。
フランス刺繍針には3〜9番まで7種類のサイズがそろっている。

・3〜4番　　太い糸や25番糸を5〜6本どりで使うとき。
　　　　　　ザクザク刺すおおまかなステッチ向き。

・5〜6番　　25番糸を3〜5本どりで使うとき。
　　　　　　ふつうのステッチはだいたいこれで。

・7〜9番　　細い糸や25番糸を1〜3本どりで使うとき。
　　　　　　細かいところを刺すステッチ向き。

［この本で使った針］

[Clover] フランス刺しゅう針
針先のとがった針。布目を割って密に刺す一般的なステッチ向き。
針の太さに3〜9番までがある。

[Clover] クロスステッチ針
針先のとがっていない針。布目を割らずに刺すステッチ向き。
針の太さに19〜24番までがある。

[Clover] 〈2つ孔〉デュエット手芸針
針穴がふたつついているので、1本の針で「色」や「素材」違いの糸を
同時に使える（クロバー社オリジナル新商品）。

[Clover] 「絆」きぬぬい
絹やオーガンジーなどの超薄手の生地用の縫い針。

[Clover] ビーズ針
ビーズの小さな穴にも通る極細の針。ビーズ刺繍をするのに便利。

糸を選ぶ

刺繍糸は多種多様。
刺繍は糸で表現する作品なので、とりわけ素材となる糸のよしあしは重要。
一番気にかけたいのはその色合いですが、糸の太さや風合いも大切にしたいもの。
一般的には「25番糸」と呼ばれている細番手の糸が多く使われています。
糸には太いもの細いもの、またよりのかけ具合、
光沢の有無も種類によっていろいろに。毛糸、麻糸、ラメ糸、ラフィアなども
使い方次第なので、作品のできあがりをイメージしながら糸を選ぶと、
表現力も、完成度もグーンとUP。

糸の種類

［太さ］
糸の太さはJIS規格による「番手」によって表されており、
番号が大きくなるほど糸は細くなる。

・25番糸　極細タイプの糸。
　　　　　細い6本の糸をゆるくよりあわせた「かせ（束）」になっている。
　　　　　1本ずつ引き抜いて、必要本数を引きそろえて使う。（→P111）
　　　　　1〜12本どりまで、太さの調整ができる。

・3・5・8番糸　太めのタイプの糸。
　　　　　番手が若い3番はよりが甘く、5・8番になるとしっかりしたよりになる。
　　　　　「玉巻き」または「かせ」になったものとがあり、
　　　　　どちらもそのまま引き抜いて使える1本の糸。

［この本で使った糸］

[Anchor] ストランデールコットン
一般に25番糸と呼ばれている。
高級エジプト綿を使用した極細タイプの糸。
細い甘よりの糸が6本束になっており、一般的な刺繍向き。

[Anchor] パールコットン
パールのような光沢のある太いタイプの木綿糸。
一般的な刺繍はもとより、かがり縫いやアップリケ、
キャンバスワークなどと応用範囲は広い。糸の太さに3・5・8番がある。

[Anchor] ソフトエンブロイダリー
しなやかでやわらかな手触りと、マットな色みのつや消しタイプの
甘よりの太い木綿糸。キャンバスワークや目の粗い布などに。

[Anchor] コットンアブローダー
つやのあるしっかりしたよりのタイプの木綿糸。
おもに白糸刺繍や布を切るアイレット・ワークに使われる。
糸の太さに12・16・20・25番がある。

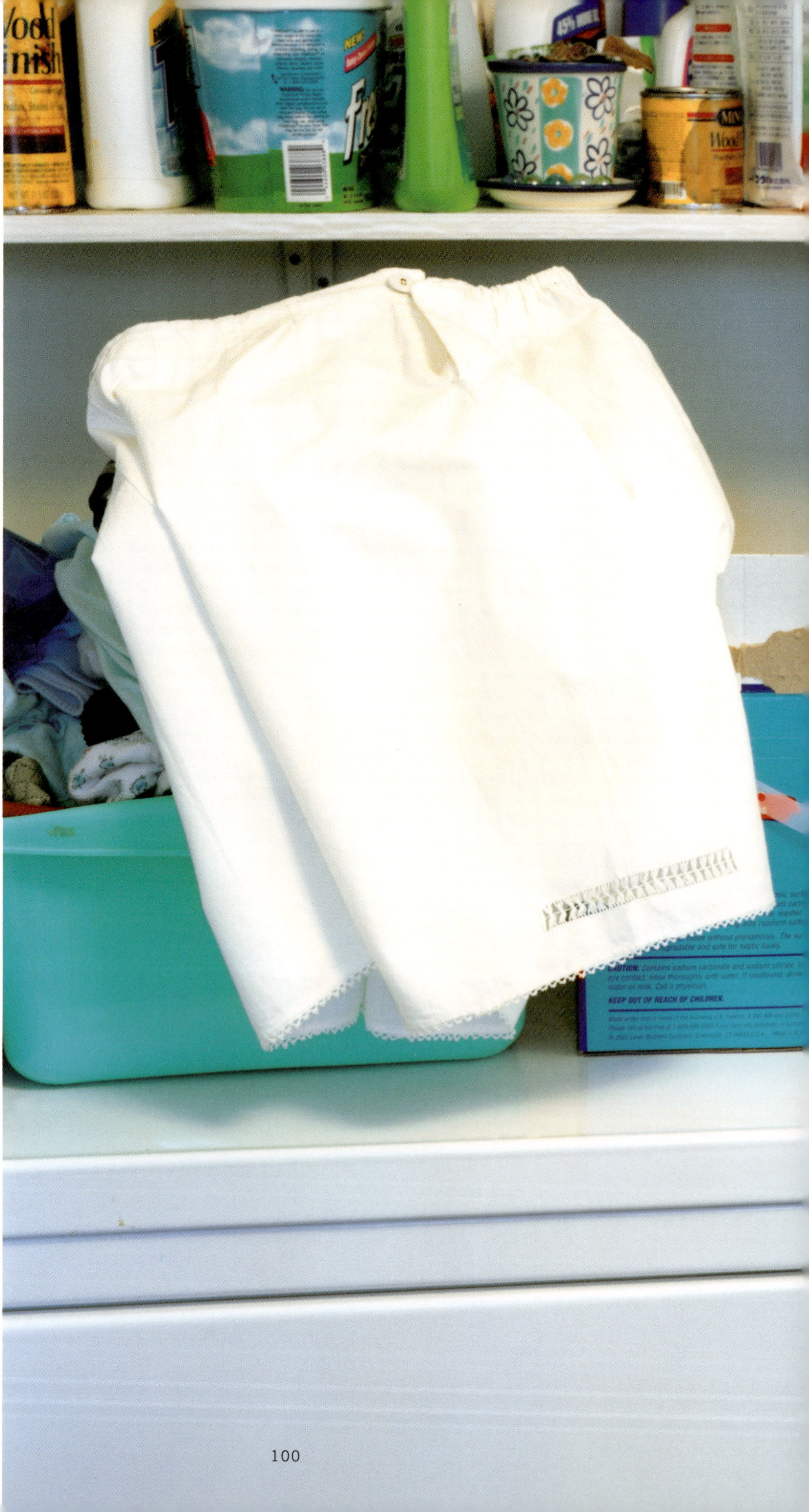
NEW!
KEEP OUT OF REACH OF CHILDREN.

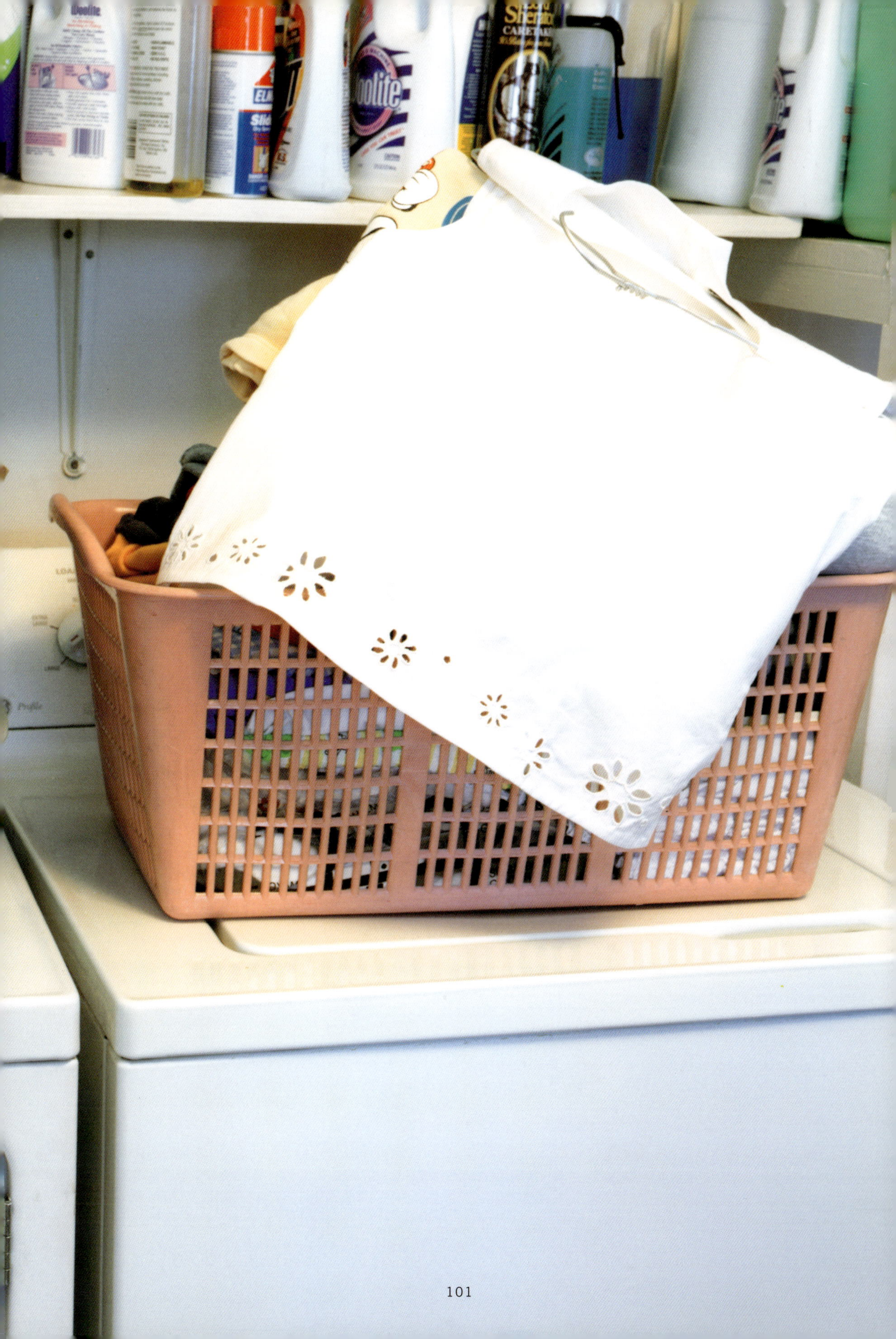

布地をきりぬく
EYELET WORK
アイレット・ワーク　★★★

1　図案の輪郭の少し外側に
ランニング・ステッチ（→P078）。
2　布に十字の切り込みを入れる。
3　切り込んだ布を裏側に折り、
ランニング・ステッチと一緒に
図のように巻きかがっていく。
4　裏側の余分な布をカットする。

布の切り込みは十字を基本に、
図案にあわせて
細かく入れておくときれいにかがれる。
ランニング・ステッチを刺したら
糸を切らないで、
そのまま巻きかがり続けるほうが
仕上がりがきれい。

AYAKO'S NOTE 18
刺繍枠
アイレット・ワークは、刺繍枠に布をしっかりはったほうが断然刺しやすく、
糸がつらないので刺しあがりもきれい。枠は12cmがポピュラーですが、
大きな布に大きな図案のときは大きな枠、大きな布に小さな図案には小さな枠、
小さな布に小さな図案には小さな枠を。

ROOM WEAR
100-101
部屋着

- 綿のノースリーブ
  好みのもの
- [Anchor]
  コットンアブローダー20番
  ○ No1
- [Clover] フランス刺繍針
  No5

1 チャコペンで図案を描く。(→P111)
2 図案にそってアイレット・ワーク（1本どり）。

刃先がそった（ソリ刃）のハサミを使うと
布がカットしやすい。

AYAKO'S NOTE 19
アブローダーの使い道
コットンアブローダーはよりがやわらかく、
落ち着いた光沢のある糸です。
太さに12番、16番、20番、25番とありますが、
色数は少なく、ほとんど白やアイボリーとかぎられています。
アイレット・ワークのような色を使わない刺繍に最適。

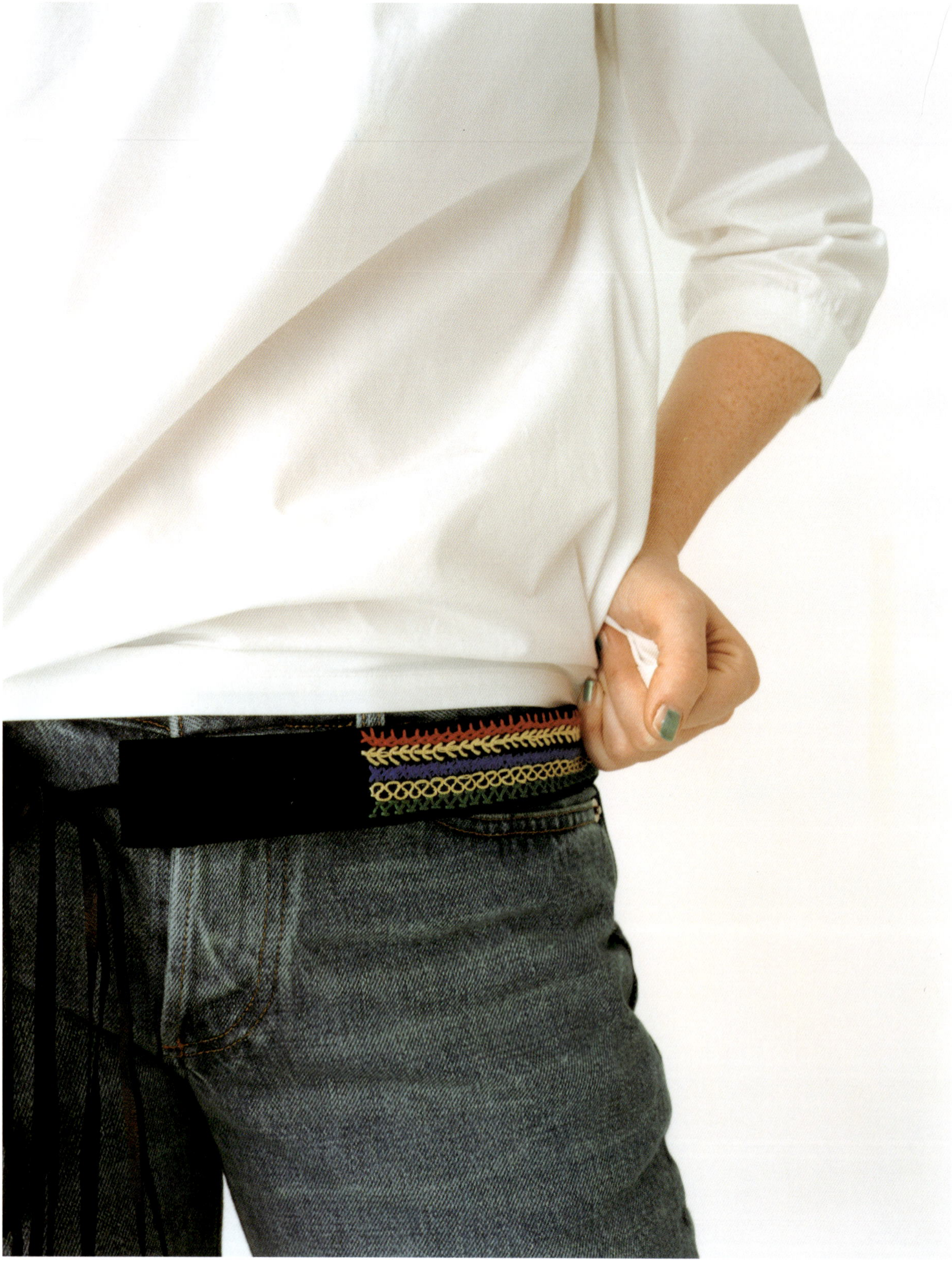

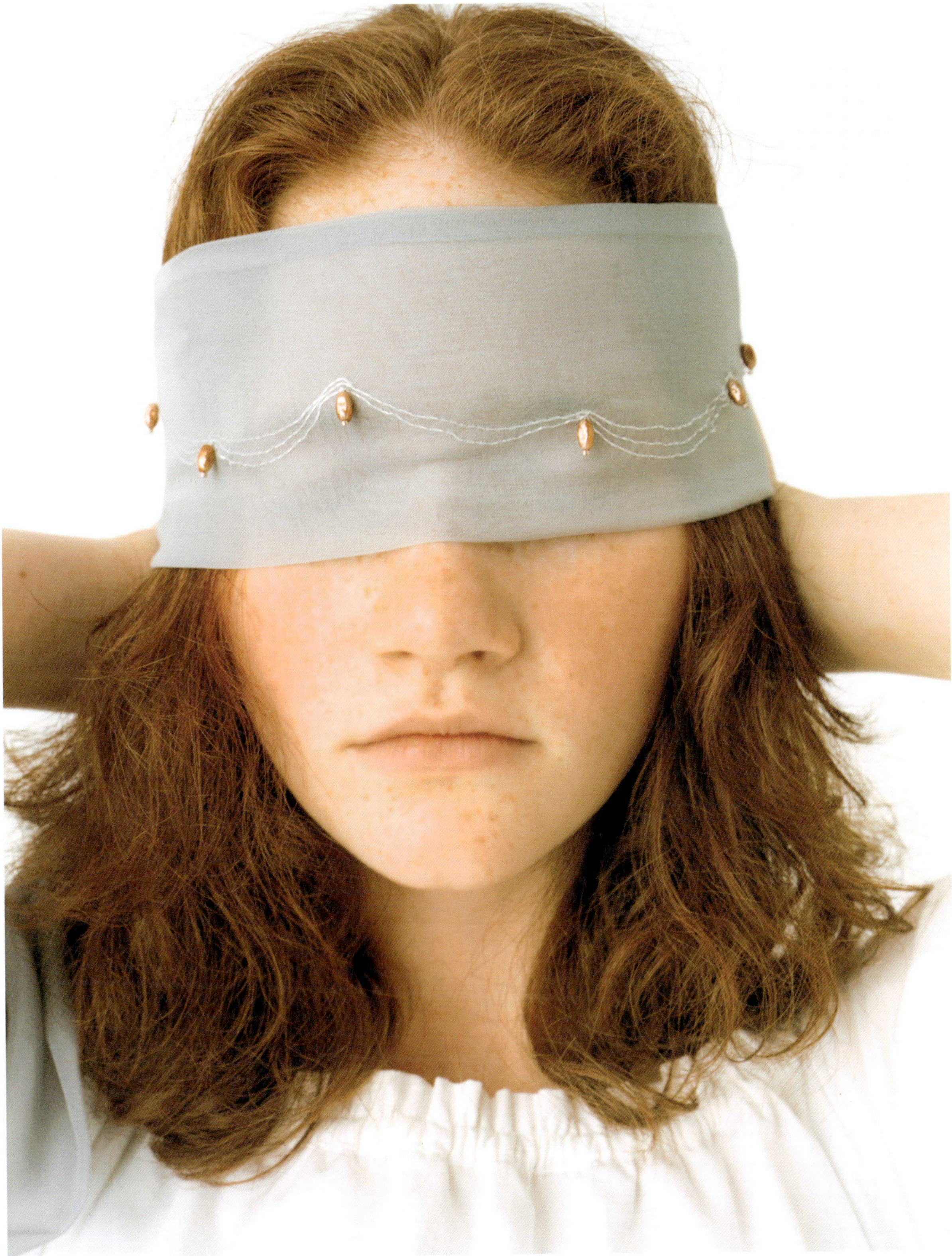

幅広の線の
THREADED RUNNING STITCH
スレデッド・ランニング・ステッチ　★★

1　図案の輪郭線にそって
ランニング・ステッチ（→078）。
2　ステッチとステッチのあいだに
図のように糸をくぐらせる。

2本のランニング・ステッチは
針足を互い違いにずらして
刺すのがポイント。
くぐらせた糸は
きつくしめすぎないように
しましょう。

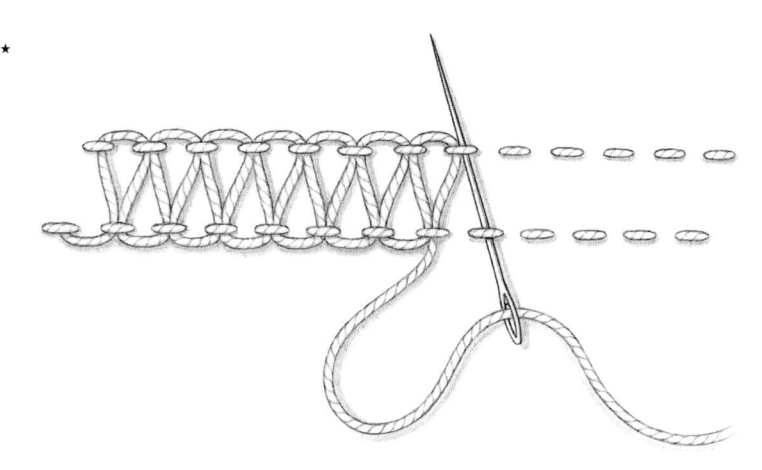

変わり線刺し
FLY STITCH
フライ・ステッチ　★

1　針を出し、
少し離した位置に針を入れ、
図のように中心に向かって布をすくい、
針先の下に糸をかけながら針を抜く。
2　針足の長いステッチで
かけ糸を止める。

ステッチがY字になるように、
かけ糸を下にひっぱるようにしながら
止めていく。
ステッチひとつずつをバラバラに刺してもよいし、
キャンバス地などに規則的に刺し並べて
図のような幅広い線を表すこともできます。

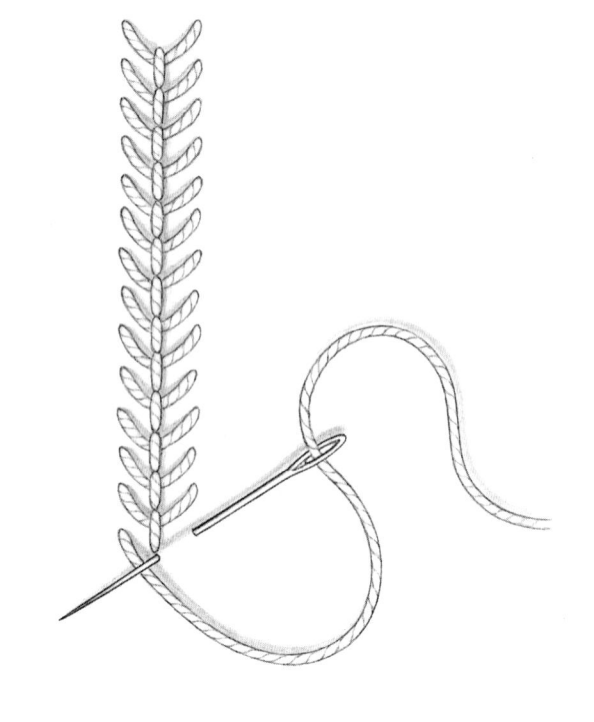

104
VELVET BELT
ベルト（1）

- ベルベット（仕上がり幅4cm×長さ90cm）
- [Anchor] 25番糸
  - No13
  - No133
  - No246
  - No295
- [Clover] フランス刺繍糸 No8

1　方眼ピーシングペーパーを
生地の表にアイロンでかるく貼り付ける。
2　ピーシングペーパーの上から
方眼目を数えながら規則的に
フライst、ヘリング・ボーンst（4本どり）、
スレデッド・ランニングst
（ランニングst＝2本どり・かけ糸＝3本どり）。

方眼ピーシングペーパーの一目を一目とする。

105
CHIFFON BELT
ベルト（2）

- シフォン（仕上がり幅6.5cm×長さ36cm）
- [Anchor] リフレクタ
  - No300（金）
- [Clover]「絆」きぬぬい
- [Clover] ビーズ針

1　チャコペンで図案を描く。（→P111）
2　図案にそって針目の細かい
ランニングst（1本どり）。
3　ビーズをとめつける。

シフォンが伸び縮みしやすいので、
布を伸ばしながら刺す。
布が透けるので
糸つぎをしないですむように
糸は長目に用意しておくとよい。

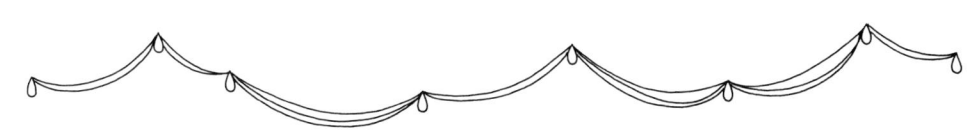

（200％拡大使用）

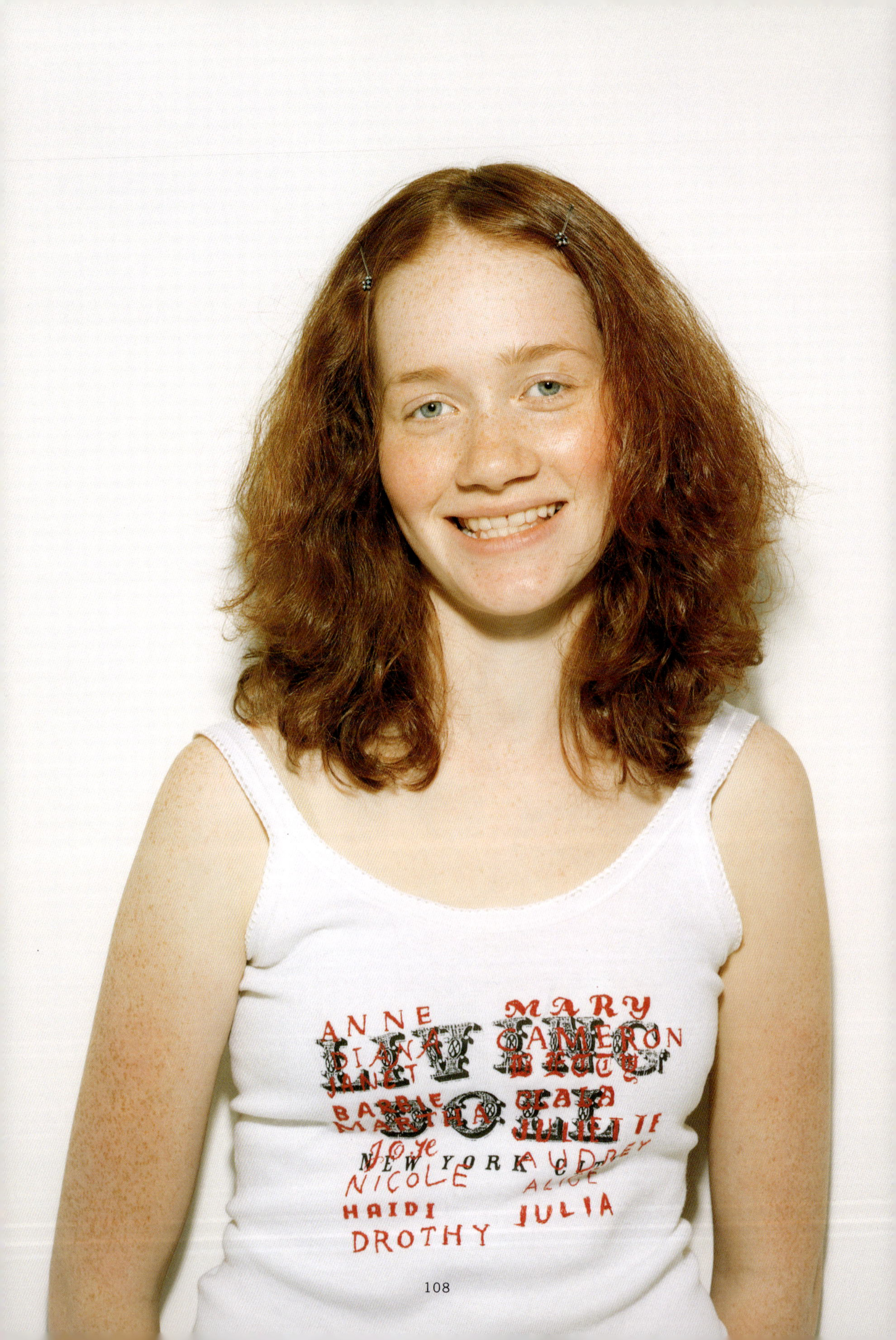
ANNE
MARY
CAMERON
NEW YORK
NICOLE
HAIDI
JULIA
DROTHY

108
CAMISOLE
キャミソール

	キャミソール
	[Anchor] 25番糸　No19
	[Clover] フランス刺繍針　No8

1　ピーシングペーパーに図案を写し、キャミソールにアイロンでかるく貼り付ける。（→P111）

2　ピーシングペーパーの上から図案にそってアウトラインst（1〜2本どり）。

太い文字はアウトラインstを何本も刺し並べ、文字の表情にあわせてステッチを使いわけて。

ANNE
DIANA
JANET
BARBIE
MARTHA
JOH
NICOLE
HAIDI
DROTHY

MARY
CAMERON
BETTY
CLALA
JULIETTE
AUDREY
ALICE
JULIA

（150%拡大使用）

HANDY GOODS
おすすめグッズ

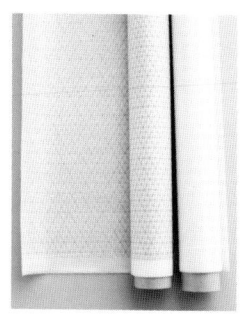

ピーシングペーパー
使い方次第の応用自在なツール。
半透明の紙なので図案を簡単に写すことができる。
アイロンで布との接着も楽々。布に強度をもたせるのにも便利。
無地、正方眼、斜方眼を図案にあわせて選ぶとよい。
(クロバーピーシングペーパー　2枚入り450円)
(クロバー方眼ピーシングペーパー　2枚入り500円)
(クロバー斜方眼ピーシングペーパー　2枚入り500円)

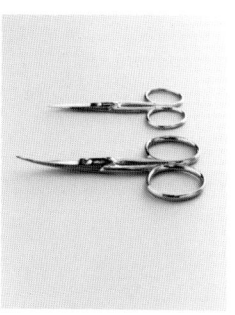

刺繍はさみ(ソリ刃)・手芸はさみ
細かい作業にしっかり応える切れ味。
ソリ刃のはさみは布地を傷つけずに糸の始末ができるうえ、
糸切りはもちろん、カットワークなどの細かな布切りにも最適。
(クロバー刺しゅうはさみ　5500円)
(クロバー手芸はさみ　1800円)

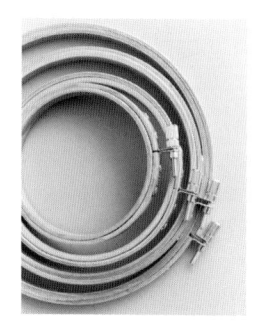

刺繍枠
刺繍初心者に必要不可欠なツール。
生地の布目がきれいにはれて、刺しやすいこと間違いなし。
調整金具で布地をしっかり押さえて使う。
径10cm、12cm、15cm、18cmと大きさはいろいろあるので
図案にあわせて選ぶとよい。
(クロバー刺しゅう枠　各800円)

両面接着シート
作業をいろいろに助けてくれる接着シート。
布と布の接着に、端ち切り布のほつれ止めに、
洋服作りからワッペン、アップリケまで使い方次第。
(クロバーアイロン接着シート　1枚500円)

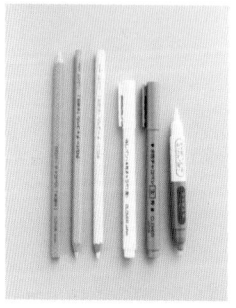

チャコペン
印付けに使いやすい工夫いろいろツール。布につけた印を、
水の含んだ布で簡単に拭き取れるタイプのチャコペル(左3本)。
マーカータイプのチャコペンと、チャコペンのあとをなぞると
水を使わずに簡単に落とせる専用消しペン(中央2本)。
チャコペンと消しペンがセットになったタイプ(右1本)。
(クロバーチャコペル水溶性　3色各250円)
(クロバー水性チャコペン　細・太各300円)
(クロバー消しペン[水性チャコペン用]180円)

TECHNICAL GUIDE
テクニック

25番糸の取り出し方
25番糸は細い糸が6本束になっている。
1本ずつひきそろえて使うことで、糸のよりがとれ、
ステッチがふっくらと仕上がり美しくなる。

1 糸6本を必要な長さ分束から引き出しカット。
2 カットした糸（6本）から写真のように糸を1本ずつ引き抜く。
引き抜くときは、その都度もとの糸をしごく（糸がからまらないように）。
6本どりのときも1本ずつ引き抜いてまとめ直す。

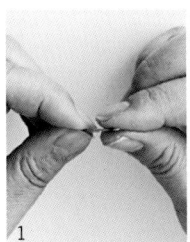

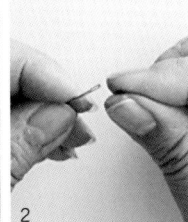

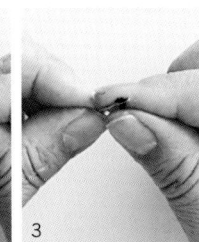

糸の通し方
1 糸を針にかけ、ふたつに折る。
2 親指と人差し指のあいだで
折り目をはさみ、針を抜く。
3 針を糸に近づけ、針穴に糸を通す。

糸の折り山がゆるんでしまうと
針穴に入りにくい。折り目を、親指と
人差し指のあいだにはさんだまま作業する。

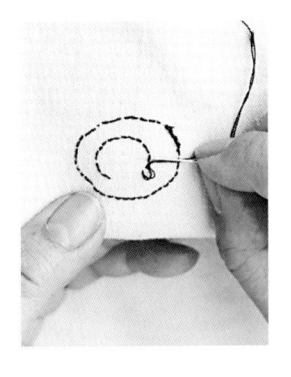

糸の始末
1 刺し始めと刺し終わりの糸端は、
つねに5〜6cm残しておく。
2 刺し終わってから写真のように
布の裏側のステッチにくぐらせて始末。
3 余分な糸端をカットする。

糸を継ぎ足すときも同様に。

図案の写し方

チャコピーで図案を描く
1 布の上に
チャコピー（複写紙）をのせ、
その上に図案をのせる。
2 トレーサー（ボールペン）で
図案をなぞる。

こんなときには…
> 簡単な図案
> 目が粗い布、厚い布
> 自由に描きたい

チャコペンで図案を描く
1 チャコペンで図案をみな
がら描く。

こんなときには…
> 大きな図案
> 凸凹している布
> 伸び縮みしやすい布、毛足のある布…

ピーシングペーパーで図案を描く
1 ピーシングペーパーに図案を写す。
2 布の表にアイロンでかるく貼り付ける。
3 刺し終わったら、ピーシングペーパーを
破って取り除く（刺している途中で随時
取り除いてもよい）。
ピーシングペーパーの上から刺繍する。

著者紹介
大塚あや子
刺繍作家。おんどり手芸アカデミー卒業。
日本アートクラフト協会の講師として後進の育成に
あたるかたわら、書籍・テレビ等に作品を発表、
刺繍の普及に努めている。
著書に『大塚あや子の刺繍本 スタンプワーク』(弊社刊)がある。

アートディレクション	有山達也 (アリヤマデザインストア)
デザイン	池田千草 (アリヤマデザインストア)
撮影	戎康友
スタイリング	岡尾美代子
企画	サトウチエコ
編集	向山春香　毛利真知子
製版・進行	高柳昇　久山めぐみ
モデル	ブリッタニー・スリート (ジュネス企画)　ブライアン
刺繍刺し方イラスト	杉田英樹
刺繍イラスト	宮城ユカリ (P38-39)　長崎訓子 (P54、P73の錠前)　ワタナベケンイチ (P82-83)
刺繍レシピ&カリグラフィ	斉藤かすみ (P20)
刺繍デザイン	泉清香 (P27)
制作協力	西須久子　岩下則子　竹内優美子　長谷川真記　そのみつ (P75のルームシューズ)

材料提供
本書で使用したアンカー刺繍糸、クロバー株式会社の手芸材料は全国の手芸用品売場・クラフト用品売場で購入できます。
Anchor(Coats GmbH)　輸入代理店ユキ・リミテッド
〒662-0088　兵庫県西宮市苦楽園4-10-10　tel.0798-72-1563　fax.0798-74-1578
クロバー株式会社
〒537-0025　大阪府大阪市東成区中道3-15-5　tel.06-6978-2277(お客様係)　http://www.clover.co.jp

アンカー刺繍糸は下記の販売店より全国メール発送もしています。
越前屋　　〒104-0031 東京都中央区京橋1-1-6　tel.03-3281-4911　fax.03-3271-4476
亀島商店　〒542-0085 大阪府大阪市中央区心斎橋筋1-4-23　tel.06-6245-2000　fax.06-6241-0006
ドヰ手芸品　〒650-0021 兵庫県神戸市中央区三宮町1-5-22　tel.078-331-1573　fax.078-331-1410　http://www.doishugei.com/

刺繍のABC

2002年8月20日　第1刷発行　2003年5月30日　第3刷発行

著者	大塚あや子
編集人	武内千衣子
発行人	武内英昭
発行所	株式会社　雄鶏社
	東京都新宿区築地町4番地　〒162-8708
	tel.03-3268-3101(代表)　03-3268-3363(直通)
	URL http://www.ondori.co.jp
	振替 00140-2-26255
印刷・製本	株式会社東京印書館

落丁・乱丁の場合はお取替え致します。
ISBN 4-277-31138-5　C5077
© 2002 AYAKO OTSUKA　Printed in Japan
本書の全部または一部を無断で複写(コピー)することは、著作権法条での例外を除き、禁じられています。